LA COCINA FAMILIAR

EN LA CIUDAD DE

MÉXICO

LA COCINA FAMILIAR

EN LA CIUDAD DE

MÉXICO

ᴵᴬCONACULTA OCEANO

LA COCINA FAMILIAR
EN LA CIUDAD DE MÉXICO

Primera edición: 1988
Banco Nacional de Crédito Rural, S.N.C.
Realizada con la colaboración del Voluntariado Nacional
y de las Promotoras Voluntarias del Banco Nacional de
Crédito Rural, S.N.C.

Segunda edición: 2000
Editorial Océano de México, S.A. de C.V.

Producción:
Editorial Océano de México, S.A. de C.V.

© Consejo Nacional para la Cultura y las Artes

D.R. ©
Editorial Océano de México, S.A. de C.V.
Eugenio Sue 59
Col. Chapultepec Polanco, C.P. 11500
México, D.F.

ISBN
Océano: 970-651-443-0
               970-651-450-3 (Obra completa)
CONACULTA: 970-18-5551-5
               970-18-5544-2 (Obra completa)

Impreso y hecho en México.

LA COCINA FAMILIAR EN LA CIUDAD DE

México

Presentación

La Comida Familiar Mexicana fue un proyecto de 32 volúmenes que se gestó en la Unidad de Promoción Voluntaria del Banco de Crédito Rural entre 1985 y 1988. Sería imposible mencionar o agradecer aquí a todas las mujeres y hombres del país que contribuyeron con este programa, pero es necesario recordar por lo menos a dos: Patricia Buentello de Gamas y Guadalupe Pérez San Vicente. Esta última escribió en particular el volumen sobre la Ciudad de México como un ensayo teórico sobre la cocina mexicana. Los textos históricos y culinarios, que no las recetas recibidas, varias de ellas firmadas, fueron elaborados por un equipo profesional especialmente contratado para ello y que encabezó Roberto Suárez Argüello.

Posteriormente, hace ya más de seis años, BANRURAL traspasó los derechos de esta obra a favor de CONACULTA con el objeto de poder comercializar el remanente de libros de la primera edición, así como para que se hicieran nuevas ediciones de la misma. Esta ocasión llega ahora al unir esfuerzos CONACULTA con Editorial Océano. El proyecto actual está dirigido tanto a dotar a las bibliotecas públicas de este valioso material, como a su amplia comercialización a un costo accesible. Para ello se ha diseñado una nueva edición que por su carácter sobrio y sencillo ha debido prescindir de algunos anexos de la original, como el del calendario de los principales cultivos del campo mexicano. Se trata, sin duda, de un patrimonio cultural de generaciones que hoy entregamos a la presente al iniciarse el nuevo milenio.

LOS EDITORES

Hablar sobre los platillos del Distrito Federal es hablar de la comida del país, esto es, de todo México.

Desde luego, están presentes en este libro algunas de las recetas de platillos inconfundibles, típicamente nacionales, como son el mole o los chiles en nogada. Ambos originarios de estados de la república, no de la capital, y marcadamente mestizos. Otra característica que parece estar siempre presente en este recetario es la de la vida citadina: vida urbana que como dice la maestra Guadalupe Pérez San Vicente, "ha tenido por desgracia que abandonar la costumbre de comer en el hogar con la familia". Surge así la comida de antojo, callejera, improvisada, en donde reina el taco por encima de los demás alimentos; siempre con sus diversas salsas picantes.

Lo internacional –incorporado a lo mexicano– hace también en la capital su presencia obligada. En ocasiones, es conveniente aclararlo, los rasgos que quedan en alguna receta de los ingredientes o de las técnicas propias de otras culturas, son casi imperceptibles. Tal es el caso, por ejemplo, de la "sopa de macarrones a la italiana", tan común en las humildes comidas corridas que incluyen una sopa aguada y otra seca. Sólo que este platillo poco tiene ya de italiano. De hecho, se transforma en otro: en "sopa de macarrones a la mexicana", con todo y sus chiles anchos, tan nacionales. De cualquier manera, es probable que, según lo apuntó ya algún historiador, los antiguos mexicanos, a diferencia de los europeos, no acostumbrasen tomar sopa y que hayamos sido sus descendientes, mestizos, los que la hayamos vuelto parte sustancial de nuestra comida principal. Empero, aquí están también los chirmoles, clemoles y caldillos, a los que alude con precisión este recetario y que datan de la época prehispánica.

Del mar y de las aguas interiores, a pesar de que en su tiempo los reyes aztecas obtenían y paladeaban variadas especies acuáticas, y de ello dan fe los cronistas, la ciudad de México, antiguo emporio lacustre, poco se alimenta. El hecho es particularmente cierto, en términos relativos, respecto a las clases populares urbanas que, cuando más, incorporan el pescado a sus comidas sólo en días de fiesta o en la obligada cuaresma.

Algo semejante puede decirse de la carne de caza, incluida la "de vuelo corto o largo", tal como señala la clasificación de la maestra Guadalupe Pérez San Vicente. Ésta surge en la vida cotidiana únicamente por excepción o ya domesticada, como en el caso del conejo. La gallina, el guajolote y el cerdo, en cambio, forman parte de la dieta mexicana en forma permanente y su preparación resulta variada y apetitosa, como en buena medida se registra en estas páginas.

Por lo que se refiere a las verduras, nada debe extrañar el que dominen las recetas a base de calabacitas, cuya omnipresencia y antigüedad en México son bien conocidas. Chiles y papas, productos también originarios de América, complementan el capítulo correspondiente.

Desde luego, el último apartado del recetario es el de los postres: "manjares casi celestiales" los llama la maestra Guadalupe Pérez San Vicente. Tal sección se convierte, no sin razón, en la más voluminosa de todas. En este campo se han agrupado tanto las recetas de los que son "frutos del horno, sartén y comal" como las de aquellos deleites que constituyen para los golosos verdaderas obras de arte. Alimentos celestiales que evocan lo etéreo, lo sublime; regocijos de cada día o agasajo de fiestas y reuniones.

Gran verdad es la que afirma que comer y cocinar encierran partes sustanciales de nosotros mismos; actividades son que condensan nuestra manera de ser, producto de una conducta colectiva que constantemente se depura y que se ha exigido, a sí misma, esfuerzo y disciplina. Son cultura viva y actualización de nuestra historia.

Cocina y cultura mexicana

Guadalupe Pérez San Vicente

La luz de una cultura la irradian sus múltiples manifestaciones: música, arquitectura, escultura, pintura; no en grado menor la dimensión intimista de la vida cotidiana y en especial el acto de amor permanente, reiterado cada día, que es el cocinar.

Alfonso Reyes "el impar", como lo llamó Jorge Luis Borges, solía reclamar a la cultura el sitio que le corresponde a la cocina, en especial a la mexicana, por la extraordinaria variedad y riqueza que su experiencia de viajero universal le mostró que tiene la nuestra.

Bajo las capas de la historia o con el auxilio de la cartografía gastronómica

Variedad y riqueza fácilmente comprensible al mirar con detenimiento las bases culturales, ahora, desde nuestra perspectiva coquinaria, que fueron formándose a lo largo de siglos, desde los 20 000 años antes de Cristo, en que tribus de cazadores y recolectores llegan, se asientan y nos muestran cómo, en la lenta evolución del crisol de los siglos, pasan a la etapa de los olmecas antiguos en las culturas preclásicas del 1000 antes de Cristo a 300 con la olmeca reciente; a la protohistórica, con las culturas clásicas, de los años 300 a 900 ya de nuestra era, con las vivencias de los mayas clásicos, los mixtecas y el Tajín y las culturas postclásicas, en la etapa de transición olmeca-tolteca, en años que transcurren del siglo ix al x para generar al fin la época histórica, con sus culturas neoclásicas y sus etapas, tolteca: siglos x al xii; chichimeca: del 1200 al 1428 y azteca o mexica del 1428 al 1521.

La cocina mexicana, crisol mestizo

Sólo que a las cocinas nativas hay que agregar, a partir del siglo xvi, el aporte que los españoles conquistadores y colonizadores hicieron, al través de sus propios hábitos alimenticios, de las cocinas árabes, españolas, caribeñas y europeas para crear, con la fusión de todos esos elementos, nuevas fórmulas, sancionadas por el paladar, por "el gusto" que una sociedad crea a lo largo de los siglos.

Cocina mestiza, gastronomía ritual, imaginativa y rica, golosa y sensual, de gusto para todos los sentidos, cocina de aromas para el olfato, de texturas casi táctiles, de colores y formas para la vista y de sabores que mezcla, crea y recrea en permanente alquimia para este exigente, refinado y obstinado paladar mexicano; un paladar que, independientemente de su capacidad económica, se empeña por ejemplo en perder tiempo "haciendo cola" a fin de comer tortillas calientes: el "pan de maíz", al decir de los conquistadores, el de "poco sabor", como afirman algunos viajeros, o magnífico refinamiento, según otros; o yendo a la panadería en busca del pan caliente, los deliciosos bizcochos de más de cien formas diferentes, para el desayuno y la merienda ritual del mexicano.

El recetario de la abuela

Los recetarios familiares desprenden, entre otras muchas perspectivas, la existencia de un exigente gusto familiar, que registra sólo las fórmulas que los difíciles paladares de la familia aprobaron en el curso de una o varias generaciones.

No todas las recetas "nuevas" merecen registrarse. La perpetuación sólo se obtiene si se ajusta "al gusto", aun cuando ingredientes o formas de hacerse pudieran plantearse como exóticos.

El "gusto" no es fácilmente definible, pero resulta tan certero en cuanto se trata de la cocina que con su estudio nació la gastronomía, cuando Anselmo Brillat Savarin escribió *Phisiologie du gout*, libro que en México se tradujo prontamente al español y se publicó con el título: *Fisiología del gusto o meditaciones de gastronomía trascendente*. México, traducción de Eufemio Romero (1852).

La presencia de platillos de cocinas diversas es frecuente en los recetarios familiares, algunos francamente asimilados, "los que no eran pero ya son", como diría mi abuela, en buena muestra de la captación de aportes universales.

Todas la enriquecen

Si bien es cierto que la comida une al hombre, en la cocina mexicana este aserto se torna peculiarmente verdadero. En su mesa las contingencias históricas, los desafortunados azares de las guerras, las invasiones o las penetraciones, no siempre candorosas, se convierten en viandas de paz, con que se disfrutan y olvidan antiguos agravios.

Exaltados hispanistas o indigenistas que suelen pelear hoy por Hernán Cortés, como si viviesen en el siglo XVI, disfrutan por igual, depuestos armas y blasones, ante la cocina de maíz de nuestros abuelos indígenas, de los platillos de los abuelos españoles o de la cocina mexicana mestiza, tan afín genéticamente.

El ser mestizo del mexicano se muestra sin disturbios en sus cazuelas que amalgaman, incorporan y compenetran formas, fórmulas, elementos de cocinas diversas, creando una diferente, imaginativa, consumidora de flores e insectos, de cactus y postres que "cuelgan de los árboles", como diría Madame Calderón de la Barca. Imaginativa y rica por la presencia, además de la indígena y la española, de las cocinas orientales y las europeas.

Frente a unas buenas albóndigas, olvidamos al ejército belga de la emperatriz Carlota que divulgó el gusto por la carne molida; el pan francés, el mexicanizado volován, la torre inflada de Carème y sus pasteles, éclair, choux, moka, profiteroles, etc., los seguimos disfrutando, olvidados de la "Guerra de los pasteles", y la invasión francesa.

Como tampoco tenemos presente, en la factura de los sandwiches o emparedados, que el pan de caja lo fabricaron por vez primera los cocineros de los ejércitos estadounidenses en sus guerras contra México.

Y si la cocina mexicana aprovecha aun las contingencias desafortunadas, con cuanta mayor razón, "contimás" dice el lenguaje coloquial, las de paz; los "pastes", las empanadas inglesas que nos permiten seguir la ruta de los mineros ingleses por el Estado de Hidalgo; la pista de los quesos de los menonitas, o los italianos en Puebla o los franceses de Veracruz, permitirían armar un nuevo atlas gastronómico.

Hacia una teoría de la cocina mexicana

Es América la que integra la universalidad de la tierra. A las razas como entonces se llamaban la europea y la africana, los españoles descubridores incorporan las indígenas del Nuevo Continente. En este enorme crisol se da la amalgama de un mestizaje racial, tan fecundo como conflictivo.

Todo cambia, el Nuevo Mundo recrea incluso la visión que de sí mismos tienen los del Viejo Mundo y los obliga también a crear nuevas respuestas a los problemas que les plantea la supervivencia en tierra extraña: alimentación, salud, higiene.

Los hábitos alimenticios rotos y la asimilación de los nuevos provocaron la inmediata traída a América de los productos que los satisficieran.

Uno de los más bellos murales de Diego Rivera en el Palacio Nacional de la ciudad de México, muestra el paso a México en el siglo XVI de los productos agrícolas y ganaderos que Cortés trajo: la caña de azúcar, el trigo, la vid, los frutales, junto con las piaras de cerdos y los hatos de ovejas, las vacas y los bueyes, para sólo mencionar los más importantes.

El universo de los sabores

El mapa del mundo se había completado porque el insatisfecho paladar del europeo precisaba de un sabor diferente al amargo, al dulce o al salado. El impulso gastronómico –en la afortunada frase de Zweig, "en el principio fueron las especias"– estaba presente como motivación para lanzarse al descubrimiento de la ruta de la especiería en las Indias Orientales.

Colón encuentra otro mundo, otras Indias, estas occidentales y de ellas surgen: el maíz, que salvará de hambruna a Europa; el aguacate; el chocolate, medicamento o afrodisíaco, pero de todos deseado; el guajolote, "turco" para los ingleses, "de la India" para los turcos y "jesuita" para los europeos. El jitomate, el pommo d'oro que la cocina italiana asimila de inmediato, la vainilla y el ¡ají o chile!

Ahora sí, al igual que el mapa geográfico y étnico del mundo, se integra también el universo de los sabores, el mapamundi gastronómico; al sabor de la sal, del dulce de la remolacha y la miel de abeja, se agrega el de la caña de azúcar, y al amargo, de fuertes picores del jengibre, las pimientas y los clavos de olor, se añadirá el excitante, sápido en extremo, del chile mexicano en la múltiple gama que sus diversas clases producen. Más de treinta especies multiplicadas por su aprovechamiento fresco, seco o macerado. ¡Cuántos siglos transcurrieron hasta el siglo XVIII, en que al través de México –entonces Nueva España– se establece comunicación universal, de y hacia Europa por Veracruz, de y hacia el Oriente por Acapulco, en el galeón de Manila!

México era el centro del mundo y ello se refleja en el esplendor de su cocina. Sólo un país así podría crear un platillo como el mole, en que las especias y la fórmula oriental de usar muchos pocos, se enriquece con los chiles mexicanos, el pan y la manteca del cerdo español, y baña en una textura cremosa, perfecta amalgama de más de veinte ingredientes, al huexolotl, al rey de la cocina, al guajolote. Cumbre barroca al par de la Capilla del Rosario, de la misma Puebla de los Ángeles donde los comerciantes de "ambos mares" tenían su morada.

El siglo XVIII marcará la afición por la mezcla de los sabores dulce y salado; algunos resabios de las influencias árabes venidas de España se agudizan y encuentran cimas verdaderas, como las manitas de puerco en salsa de piloncillo, con ajonjolí tostado entre ellas. Sabio y distinto el uso culinario de las especias. En el siglo XIX la definición de la cocina mexicana como cocina de aromas y de antojos se cimenta. A las hierbas de sabor, el perejil, el cilantro y el apio,

en el área metropolitana se agrega el epazote; en la península yucateca, el achiote, y para Oaxaca y Chiapas el chipilín y la hierba santa.

Este es el siglo de nuestra independencia y definición; los hábitos alimenticios son similares para el pueblo y las autoridades. El Presidente Benito Juárez acostumbraba acompañar con pulque sus comidas. Con la Intervención Francesa llegaron al Palacio Nacional cocineros franceses y lo curioso es que, después de la derrota y salida del país de los invasores, de alguna manera, a partir de la muerte de Juárez, las comidas de gala de la vida oficial siguieron la línea de la cocina francesa y relegaron la cocina nacional a la vida doméstica, hasta tiempos muy recientes.

Una y diversa

Las grandes conmociones sociales de la Revolución provocaron en el siglo XX el entrecruzamiento de gente de las más diversas regiones y con ellas el intercambio de sus hábitos alimenticios. Muchos descubren su territorio y la gran variedad y riqueza de las cocinas regionales. Pese a esa riqueza, existen conceptos fundamentales que la definen: el uso y aprovechamiento del maíz; los tamales son casi una fórmula distinta por familia; las hierbas de olor que la identifican como cocina de aromas; su gusto por el color que la lleva a nombrar platillos más por el colorido que por sus ingredientes: tal sucede en Oaxaca, que define sus cuatro moles por los colores: negro, rojo, amarillo y verde. Cocina imaginativa de pueblo inteligente y pobre que aprovecha cuanto lo rodea y con igual delicadeza come flores que cactus, y con todo o casi todo, crea salsas extraordinarias.

Ya en el tópico habitual, aquél que suele cuestionar cuál es la primera cocina del mundo, si la francesa, si la china o la mexicana, pues todas cosechan votos, las voces sensatas explican que todas ellas alcanzan niveles de excelencia. Pese a lo cual, merece señalarse:

· La buena fortuna de la cocina mexicana, cuyos avatares históricos le permitieron conocer tanto la cocina francesa como la china, y producir y usar sus ingredientes básicos, como el trigo, el arroz y la soya. Sirvan de botón de muestra, el soufflé o las crepas de huitlacoche, el pollo con soya y pulque o el arroz a la mexicana. En tanto nuestra cocina permaneció desconocida para todas las otras, incluidas la francesa y la china.

· La cocina mexicana las supera por los insumos que su situación geográfica le permite. Cuando Francia tiene que importar las pequeñas ananás o piñas africanas o conformarse con aguacates israelíes, México disfruta de todos los productos del trópico.

· En cuanto a la cocina china, su falta de lácteos y de azúcares la conminan a una austera línea de postres. Punto en que la exuberancia de dulces y postres de la cocina mexicana ha sido altamente calificado por múltiples especialistas, incluido el Marqués de Lozoya, quien al contemplar las pirámides y cerros de dulces en las naves monumentales de la vieja Merced, los consideró casi lujuriosos.

La necesidad de glucosa del organismo humano los mexicanos la satisfacían desde el mundo prehispánico más con las mieles del maguey, de la avispa, del maíz y las tunas, y menos con los derivados fermentados: aguamiel, pulque, tesgüino, colonche, etcétera.

Desde el México novohispano fue todo un encuentro: el de la leche y la vainilla, del chocolate y el azúcar con los huevos; sublimación de los paladares mestizos tan proclives al gozo de lo dulce. Nació la locura de los dulces de platón, creaciones femeninas monjiles en su mayor parte, las múltiples variantes del manjar blanco; el postre predilecto de monarcas e infantas españolas llegó así a cumbres excelsas.

Etapa crucial de la gastronomía ritual en que los dos sentidos religiosos, unidos el indígena y el español, crearon la cocina de cada fiesta, para cada santo patrono, para todas y cada una de las conmemoraciones litúrgicas y civiles. Comunión de fórmulas cuyo origen pretendió ocultarse, el amaranto o alegría, factura de la carne de los dioses indios, convertido en golosina, redescubre hoy sus propiedades altamente nutritivas y se torna alimento de astronautas. Sentido religioso del compartir para agradecer a la divinidad, presente todavía en el mexicano contemporáneo.

La cocina mexicana tan sólo con sus salsas…

Tan sólo con sus salsas, la cocina mexicana tiene asegurado sitial de honor en los dominios de Gastérea, la musa que preside el paraíso de la gastronomía.

Es una verdad en la que han coincidido los más grandes maestros y artistas de las artes culinarias, la de que no hay buena cocina sin buenas salsas, ni buen cocinero si no es mejor salsero. Alejandro Dumas, padre, solía afirmar gozoso que a la supremacía francesa la apoyaban 300 salsas y una religión, en contra de las 300 religiones y una sola salsa del pueblo inglés.

¡Cuántas más pueden presentar los mexicanos! Cómo habría disfrutado Dumas con la salsería mexicana, cuyo número como el de las estrellas o los trinos del cenzontle, casi no puede ser contado. Alguien tendrá pronto que preocuparse por formular su inventario y por destacar el papel indispensable que la salsa asume en las mesas mexicanas.

No importa si es comida, refrigerio o antojito, "la salsa" autónoma, independiente, con valor por sí misma, estará solícita para acompañar a la casi totalidad de los platillos. Alguna vez la salsera, el traste que la contenga, podrá ser el primitivo molcajete, el cuenco de piedra negra con su redonda mano o texolotl, tejolote en su castellanización, en que se habrán remolido hasta extraer el sabor y olor los chiles, los ajos, o las cebollas, los verdes tomates, las ciruelas, aguacates, jitomates, el cilantro o los perejiles o el pápalo, etcétera, etcétera, hasta amalgamarlos y concertarlos en una indivisible unidad.

El mexicano posee una sabiduría telúrica que le permite convertir a casi nada y casi todo en una salsa. Salsa con ingredientes que tuesta, o asa, o cuece en agua o vinagre o usa al natural, y muele o pica, y, en las más elaboradas, aplica a cada ingrediente un tratamiento diferente, asa los chiles, cuece los tomates y agrega crudo el cilantro. Subrayo por ello el interés de la sección de salsas y moles en este recetario.

Cielo e infierno

Los detractores de la cocina mexicana, que también los tiene, le objetan su excesivo picante: Vicent Price, gastrónomo contemporáneo, plantea que en nuestra cocina usted puede encontrar el cielo o el infierno, según lo depare su fortuna. De alguna manera es cierto: en la buena, la fina cocina mexicana, el chile se usa como usa la mujer el perfume, delicada y parcamente. Del chile a su excitante olfato, las papilas gustativas generan la salivación adecuada para recibir las viandas y el proceso digestivo se realiza sin tropiezos.

Existen áreas en cambio, regiones del país donde el chile se usa para estimular artificialmente la sensación de satisfacción alimenticia. Más por necesidad que por el gusto torpe de "enchilarse", en la variante de comida de "necios con gargantas de hojas de lata" de la Marquesa Calderón de la Barca.

Una mala cocinera, ya lo decía Sahagún –y esto era causa de divorcio–, ponía mal el sabor a las comidas y esto es el chile en exceso, el disfraz mejor de una mala cocina. Heridas, quemadas las papilas gustativas, impiden reconocer ninguna otra calidad.

Saberes femeninos

El problema para la cocina mexicana es ser del dominio hogareño. Todos los saberes sibaritas eran y son femeninos y, sólo de un poco de tiempo a esta parte, ha surgido el interés por su difusión, industrialización y comercialización. A los restaurantes, a los sitios públicos, los mexicanos no suelen ir a comer mal, lo que tan bien se guisa en su propia casa. Desnivel que los buenos paladares extranjeros resienten y reclaman.

La pregunta ya casi es tópico: ¿en qué sitio público puedo comer cocina mexicana como en las casas? Ahora empiezan a surgir lugares. El interés va generalizándose y, si se conjuntan esfuerzos, algo bueno saldrá.

Los libros de cocina son altamente ilustrativos de la cultura de un pueblo y estos recetarios familiares son testigos de calidad, de las posibilidades económicas, del gusto, hábitos y talento, que es decir inteligencia e ingenio para el aprovechamiento de sus recursos, de los núcleos centrales de la sociedad mexicana: los familiares, expresados fundamentalmente por las señoras de la casa, las del sentido del orden, la permanencia, la continuidad, por quienes amalgaman el ayer y el presente con el futuro.

Los recetarios familiares revalorados, vueltos a apreciar por esta nueva generación, con recetas en que se premia imaginación, economía, talento, sabiduría culinaria y los nuevos aportes a la tradición, sirven a la identidad nacional por múltiples formas, por el estímulo a la creatividad femenina, por el reconocimiento al sentido de tradición familiar y por la revalorización de la cocina mexicana. Los historiadores pueden disponer así de un elemento valioso para continuar la investigación de la cultura mexicana a través de su cocina.

Salsas y Antojitos

SALSAS Y ANTOJITOS

La mexicana, se afirma, es cocina de antojos o por mejor decir de golosos. Los antojadizos encuentran en la calle de su barrio, en el pueblo o en la ciudad, la posibilidad de satisfacer su apetito a veces en tramos no mayores de veinte metros a cualquier hora del día y de casi toda la noche.

Nuestra realidad urbana acusa la problemática de una sociedad que ha tenido que abandonar la costumbre de comer en el hogar con la familia. Los horarios corridos, la mujer atendiendo trabajos fuera del hogar, la cocina mexicana tradicional con su gran exigencia de tiempo y laboriosidad, son factores importantes en tal cambio.

Gastronómicamente, el "taco" en México designa un bocadillo informal que se toma en todo momento, y que se prepara con una tortilla y con casi cualquier "cosa": un trozo de queso, aguacate o simplemente con sal. Enrollada sobre sí misma, la tortilla arropa el resto del arroz o la comida. "Invitar un taco" puede ser también compartir la comida. Un "taco" significa igualmente un antojo. Lo grave de la cuestión es que el exigente binomio costo y tiempo está obligando a un numeroso sector de la población, e igual sucede en todas las grandes urbes, a sustituir con unos "tacos" o con unos "antojos", la comida misma.

Piedra de toque del guisar y el comer en varias culturas es la salsa. Clave del conocimiento de una cocina. La variedad de las salsas mexicanas da lugar a un despliegue fastuoso; con ellas en la mesa se inicia la comida. La salsa mexicana cuenta, a partir de sus chiles, por lo menos con siete líneas o familias: las salsas frías, los adobos, los pipianes, los clemoles o tetlmoles, los chirmoles, los manchamanteles y los moles de todos los colores. El mole, "creación de cultura vigorosa" se ha de comer —decía Alfonso Reyes— "con regocijo espumoso y unos buenos tragos de sal". Las recetas que aquí se incluyen van de lo internacional-mexicano a lo propiamente mexicano, en donde el chile da la base culinaria.

Mujer que guisa, se casa aprisa

Salsa de tomate para carne

300 g	tomate cocido y sin cáscara
1	taza de caldo
1/2	taza de perejil
3	cucharadas de aceite de oliva
1/2	cucharada de semillas de cilantro tostadas
3	pimientas chicas
1/2	bolillo frío y dorado
·	sal, al gusto

- Moler todos los ingredientes y freírlos en aceite caliente.
- Agregar el caldo y sazonar; al soltar el hervor, retirar del fuego.
- Servir la salsa sobre carne asada de res, puerco, pollo o pescado.
- Rinde 6 raciones.

Receta de Patricia G. de Espinosa

Salsa de verduras para asado

1/2	litro de leche
1	taza de nabos y zanahorias cocidas y picadas finamente
1/2	taza de chícharos cocidos
2	cucharadas de harina
1/2	barrita de mantequilla

- Freír en la mantequilla la harina.
- Agregar la leche y sazonar al gusto.
- Añadir las verduras y revolver.
- Servir caliente, acompañando al asado.
- Rinde 6 raciones.

Receta de Patricia G. de Espinosa

Salsa para costillas asadas a la parrilla

3	jitomates asados
2	cebollas chicas en rueditas
2	cucharadas de aceite
2	cucharadas de perejil picado
1	cucharada azúcar
1/4	taza de vinagre
·	sal y pimienta

- Freír en el aceite las cebollas a que acitronen.
- Agregar los jitomates molidos sin cáscara, perejil, sal, pimienta y azúcar.
- Añadir el vinagre. Al dar el hervor, retirar de la lumbre.
- Colar la salsa y vaciarla en la salsera.
- Rinde 6 raciones.

Receta de Elena Núñez Prida

Salsa de yema para carne

200 g	jitomate
2	yemas cocidas
1	cebolla
1	diente de ajo
1	taza de caldo
·	perejil, pimienta chica y canela

- Moler jitomate, cebolla, ajos y yemas con el perejil, pimienta y canela.
- Freír la salsa y agregar el caldo; cuando hierve, retirar del fuego.
- Servir la salsa caliente con carne cocida de res, puerco o pollo.
- Rinde 6 raciones.

Receta de Luz González de López

Salsa mil sabores

2	tazas de jugo de naranja
1	taza de mayonesa muy espesa
1	cucharadita colmada de fécula de maíz
1/2	cucharadita de pimentón colorado en polvo
2	chiles anchos
1	diente de ajo
1	hoja de albahaca macho
1	hoja de epazote
1/2	hoja pequeña de laurel
·	sal, al gusto

❦ Quite las semillas a los chiles; tuéstelos en el comal, procurando que no se quemen, y córtelos en trocitos.

❦ Caliente el jugo de naranja con el epazote, la hoja de albahaca y el trocito de laurel. Cuando hierva, incorpore los chiles y deje cocer hasta que estén muy tiernos. Retire de la lumbre, tape la cazuela y deje enfriar los chiles en el jugo de naranja.

❦ Mezcle la mayonesa con el ajo machacado y el pimentón. Cuando los chiles estén fríos, licúelos con jugo de naranja suficiente para que se muelan bien. Mezcle esta preparación con la mayonesa.

❦ Cuele el jugo de naranja y disuelva la fécula de maíz en media taza del mismo. Póngalo a fuego suave, revolviendo con cuchara de madera, hasta que espese y comience a hervir. Retire de la lumbre y deje enfriar.

❦ Agregue la mayonesa preparada, poco a poco, al jugo de naranja espeso y frío. Mezcle perfectamente las dos preparaciones y colóquela en el refrigerador durante dos horas antes de servir.

❦ Tape cuidadosamente la preparación ya que absorbe fácilmente el olor de otros alimentos.

❦ Es deliciosa para acompañar aves frías, especialmente guajolote asado.

❦ Rinde 6 raciones.

Receta de Beatriz Ascencio Enríquez

Salsa del diablo

250 g	chile guajillo sin semillas
50 g	chile chipotle sin semillas
1/2	litro de vinagre
1/2	taza de vinagre fuerte
1/2	taza de vino tinto
1/4	taza de aceite
1	cucharada de chile piquín sin semillas
1	cucharadita de pimentón
1/2	cucharadita de jengibre
1/2	cucharadita de mostaza en polvo
1/2	cucharadita de orégano
1/2	cucharadita de pimienta
4	clavos
1	raja de canela
·	sal, al gusto

❦ Tostar los chiles y ponerlos a remojar en vinagre; al día siguiente molerlos con el resto de las especias.

❦ Colar esta preparación, añadirle vinagre, aceite y vino, revolver a que se incorpore muy bien. Si fuera necesario, agregar más vinagre, pues no debe quedar muy espesa.

❦ Rinde 6 raciones.

Receta de Guadalupe A. de Tostado

Salsa negra

6	chiles pastilla
1	taza de caldo caliente
2	cucharadas de aceite
1	chile mulato
1	diente de ajo
1/4	cebolla
·	sal, al gusto

❦ Tueste los chiles en el comal, sin permitir que se quemen.

❦ Desvénelos y quíteles al mismo tiempo las semillas; córtelos en trozos.

❦ Póngalos a remojar de una a dos horas en agua caliente pero no hirviendo. Tápelos bien para que no pierdan el aroma.

❦ Muela en comal los chiles, cebolla y ajo. Agregue aceite y sal e incorpore poco a poco caldo o agua hasta obtener una salsa un poco espesa.

❦ Si desea prepararla en la licuadora, mezcle todos los ingredientes con media taza del agua que utilizó para remojar los chiles, y licúe hasta que quede suave. Es ideal para acompañar carnes asadas.

❦ Rinde 6 raciones.

Receta de Hilda Irma Alfonso Luna

Salsa borracha

7	chiles anchos asados y remojados
50 g	queso añejo
1	tazá de pulque
2	cucharadas aceite de oliva

❦ Moler los chiles con el pulque.

❦ Vaciar en la salsera y agregar el aceite, revolviendo.

❦ Poner encima el queso desmoronado.

❦ Rinde 6 raciones.

Receta de Adriana González

Salsa para bisteces

1/4	litro de caldo
50 g	mantequilla
24	aceitunas finamente picadas
2	cucharadas de harina
2	zanahorias rebanadas
1	cebolla picada
·	laurel, tomillo, nuez moscada y pimienta
·	sal, al gusto

❦ Freír en la mantequilla la cebolla y zanahorias.

❦ Agregar el caldo, especias y sal; dejar hervir a fuego suave.

❦ Colar la salsa machacando las zanahorias y cebollas, añadir las aceitunas.

❦ Bañar con esta salsa los bisteces asados a la parrilla.

❦ Rinde 6 raciones.

Receta de Elena Núñez Prida

Salsa de nogada

100 g	nuez
1	chile ancho remojado y limpio
·	clavo, pimienta, canela y cominos

❦ Moler las nueces con el chile y las especias al gusto; sazonar con sal.

❦ Freírla y servirla sobre chiles rellenos de picadillo.

❦ Rinde 6 raciones.

Receta de Lourdes L. de González

Salsa para guardar

8	chiles serranos verdes
2	tazas de vinagre
1/2	taza de aceite
2	cucharadas de perejil finamente picado
1	cucharada de orégano
1	cucharada de tomillo seco
4	dientes de ajo
1	cebolla grande
1	hoja de laurel seca y triturada
1	hoja de menta fresca
·	sal, al gusto

❦ Quítele el cabito a los chiles; lávelos y séquelos. Píquelos muy finamente. Pique el ajo en trocitos pequeños y la cebolla muy finamente.

❦ En una botella de vidrio, perfectamente limpia y seca, coloque cebolla, chiles, ajo, perejil y hierbas de olor. Condimente con sal.

❦ Caliente el vinagre hasta que rompa a hervir; coloque la botella en un recipiente con agua caliente, para que no se rompa, y vierta cuidadosamente el vinagre.

❦ Por último, incorpore el aceite. Tape muy bien con un corcho y vierta encima lacre o cera derretida, para que cierre herméticamente. Déjela dos o tres días en la parte más baja del refrigerador, dentro de varias bolsas de plástico (para que no se enfríe demasiado), sacudiendo la botella enérgicamente varias veces al día.

❦ A partir del cuarto día ya puede emplearse y se conserva durante mucho tiempo. Es exquisita para acompañar carnes asadas.

❦ Para utilizarla, quite la cera o el lacre y hágale un cortecito al corcho, quitando un trocito triangular a todo lo largo. De esta forma, se puede servir la salsa desde la misma botella, agitándola sobre la carne evitando que caigan trozos enteros de sus ingredientes.

❦ Rinde 6 raciones.

Receta de Hilda Irma Alfonso Luna

Salsa para el puchero

2	chiles anchos remojados
1/2	taza de almendras peladas y tostadas
1/2	taza de vino tinto
1/2	pan frito
·	canela y sal, al gusto

❦ Moler todos los ingredientes y servir la salsa con el puchero.

❦ Rinde 6 raciones.

Receta de Luz G. de López

Gorditas criollas

1/2 k	masa
1/4	litro de crema
3	chiles poblanos asados y en rajas
1	chile ancho remojado y molido
1	cucharada de harina
·	sal, al gusto

❦ Revolver la masa con harina, chile molido, sal y agua necesaria para hacer unas tortillas gruesas.

❦ Freír en aceite caliente a fuego suave.

❦ Escurrir y cubrir las gorditas con rajas y crema.

❦ Rinde 6 raciones.

Receta de Diana Chapa del Bosque

Aderezo a la mexicana

6	cucharadas de aceite de oliva
3	cucharadas de vinagre blanco
2	chiles verdes
2	dientes de ajo
2	jitomates
1	chile poblano mediano
1	cucharadita de mostaza
1/4	cebolla
·	sal, al gusto

- 💗 Hierva ligeramente los chiles verdes, sin su cabito; cuando comiencen a cambiar de color, incorpore los jitomates.
- 💗 Ase el chile poblano, envuélvalo en un trapo de cocina húmedo y déjelo sudar. Pélelo, desvénelo y quítele las semillas.
- 💗 Ponga en el molcajete el chile poblano, desbaratado con los dedos, los chiles verdes, el ajo y la cebolla. Muela hasta obtener una pasta lisa, agregando chorritos de aceite.
- 💗 Incorpore los jitomates, a los que habrá escurrido buena parte del jugo. Muela muy bien y páselo a un recipiente de vidrio.
- 💗 Incorpore vinagre, mostaza, sal y el aceite restante.
- 💗 Revuelva bien y déjelo reposar dos horas. Se utiliza para aliñar ensaladas de hoja, especialmente de col blanca o de espinacas crudas.
- 💗 Rinde 6 raciones.

Receta de Diana Chapa del Bosque

Tamal de cazuela

1 k	harina para tamales
1/2 k	manteca
2	cucharadas de polvo para hornear
1	pizca de carbonato
·	caldo
·	sal, al gusto
	Relleno
1/2 k	mole de guajolote o carne de puerco en chile

- 💗 Batir la manteca con una pizca de carbonato a que blanquee, agregar harina, sal, polvo para hornear y seguir batiendo.
- 💗 Agregar el caldo necesario para formar una pasta suave.
- 💗 Untar un molde con manteca y vaciar la mitad de la masa.
- 💗 Rellenar con el mole o carne de puerco. Cubrir con el resto de la masa.
- 💗 Poner trocitos de manteca encima de la masa para suavizar.
- 💗 Meter al horno durante 40 minutos aproximadamente.
- 💗 Rinde 10 raciones.

Receta de Patricia G. de Espinosa

Mole verde

1	pollo cocido con ajo, cebolla y sal
250 g	pepita de calabaza
200 g	tomate verde
1	taza de caldo en que se coció el pollo
3	cucharadas de manteca
2	pimientas
1	diente de ajo asado
1/2	pan dorado en manteca
·	chiles serranos

- 💗 Tostar la pepita cuidando que no se queme.
- 💗 Moler en la licuadora todos los ingredientes, junto con el caldo.
- 💗 Calentar la manteca y retirarla de la lumbre.
- 💗 Añadir el mole y ponerlo fuego lento para que no se corte.
- 💗 Servir con piezas de pollo.
- 💗 Rinde 6 raciones.

Receta de Lourdes L. de González

Chirmole

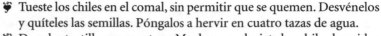

110 g	manteca
5	chiles anchos
2	hojas de epazote
2	jitomates grandes
2	tortillas duras
1/2	diente de ajo
1/2	cucharadita de pimienta negra
1/2	hoja de laurel
·	sal, al gusto

- Tueste los chiles en el comal, sin permitir que se quemen. Desvénelos y quíteles las semillas. Póngalos a hervir en cuatro tazas de agua.
- Dore las tortillas en manteca. Muela en molcajete los chiles hervidos (reservando el agua), junto con los ajos, pimienta, tortillas fritas y escurridas y epazote. Agregue sal al gusto.
- Pase esta preparación a una cazuela y vaya agregándole poco a poco la mitad del agua que utilizó para hervir los chiles.
- No tire el agua restante; si la salsa espesara demasiado, debe utilizarla para hacerla más ligera.
- Pase los jitomates por el comal para poder pelarlos. Píquelos finamente y fríalos en la manteca que utilizó para dorar las tortillas.
- Agregue la hoja de laurel y deje cocer, revolviendo con cuchara de madera, hasta que estén perfectamente desbaratados.
- Mezcle los jitomates con la preparación anterior y deje hervir alrededor de veinte minutos, revolviendo ocasionalmente.
- Esta salsa es exquisita con pescados o mariscos.
- Rinde 6 raciones.

Receta de Guadalupe Rodríguez Martínez

Pipián rojo

1 1/2 k	carne cocida (pato, pollo o cerdo)
1	litro de caldo
500 g	chile ancho
250 g	pepita de calabaza con cáscara
150 g	manteca de cerdo
100 g	maíz cacahuazintle
2	dientes de ajo
1/2	cebolla
·	sal, al gusto

- Calentar la manteca y dorar los chiles desvenados, la pepita y el maíz. Retirar y dorar la cebolla y el ajo.
- Moler todo en licuadora con el caldo y colar. Freír la salsa en el resto de la manteca, moviendo continuamente hasta que suba la grasa a la superficie.
- Rectificar el sabor y agregar la carne en trozos para que hierva un poco.
- Rinde 6 raciones.

Receta de Graciela M. de Flores

Budín de tamales

20	tamales verdes
200 g	mantequilla
200 g	queso Gruyère
8	claras
8	yemas
2	cucharaditas de polvo para hornear

- Desbaratar los tamales con un tenedor, agregarles mantequilla fundida, polvo para hornear y sal.
- Batir las claras a punto de turrón, agregar las yemas y el queso.
- Revolver con los tamales y vaciar en un molde de rosca engrasado.
- Colocarla a baño María en el horno durante 35 minutos.
- Vaciar en un platón y servir.
- Se puede acompañar con frijoles.
- Rinde 10 raciones.

Receta de Patricia A. de Nova

Chalupitas mexicanas

12	chalupitas
1/2 k	papas cocidas
250 g	chorizo
100 g	queso rallado
1/4	litro de aceite
3	cucharadas de cebolla finamente picada
1	lechuga finamente picada
	Salsa
300 g	tomate verde
4	chiles cascabel

☙ Freír el chorizo desmenuzado; cuando esté cocido agregar las papas peladas y cortadas en cuadritos.

☙ Pasar por aceite caliente las chalupitas, acomodarlas en un platón, poner sobre ellas un poco de salsa, el chorizo con las papas, lechuga picada, queso con cebolla, espolvoreados. Servir luego.

☙ Rinde 6 raciones.

Salsa

☙ Cocer los tomates con los chiles limpios y sin semillas, molerlos con sal y cebolla al gusto.

☙ Freír la salsa en dos cucharadas de aceite, dejar hervir a que reseque.

Receta de Luz G. de López

Choricito casero

3/4 k	cerdo con grasa
1/2	taza de jerez seco
1/2	taza de vinagre
2	cucharadas de pimentón
1/2	cucharada de orégano
8	chiles anchos
6	pimientas negras
4	chiles guajillos
4	clavos
1	cabeza de ajo
·	sal, al gusto

☙ Picar o moler la carne y reservar; remojar los chiles, limpios y sin semillas, en agua caliente a que suavicen.

☙ Moler en la licuadora los chiles, dientes de ajo sin cáscara y las especias con el vinagre, vino y pimentón.

☙ Revolver la salsa con la carne procurando que quede enchilada, poner la sal necesaria y dejar en reposo en el refrigerador, durante 24 horas, antes de cocinarla.

☙ Freírla en abundante manteca o aceite hasta que esté cocida.

☙ Rinde 6 raciones.

Receta de Patricia G. de Espinosa

Frijoles ayocotes

1/2 k	frijoles ayocotes cocidos
50 g	chicharrón
50 g	queso fresco
8	rábanos
2	pimientas
1	cebolla picada
1	cebolla rebanada
1	chile ancho remojado y limpio
1	jitomate picado
1	lechuga

☙ Freír la cebolla, al empezar a dorar agregar jitomate y chile picado, media taza de frijoles molidos y dos pimientas.

☙ Agregar el resto de los frijoles y dejar hervir.

☙ Añadir el chicharrón a que dé un hervor.

☙ Servir con cebolla, queso desmoronado, rebanadas de rábano y lechuga picada.

☙ Rinde 10 raciones.

Receta de María Eugenia Hegewish

Sopas, Caldos y Cocidos

SOPAS, CALDOS Y COCIDOS

Sopas, caldos, potajes y pucheros o cocidos son nombres con que se designa el platillo inicial de una comida o el que reviste alguna cena de mayor formalidad.

En ambos casos tal vez se dé la ocasión de escuchar comentarios como aquéllos de que la sopa es "el cimiento", la que "hace buena la cama al estómago". Son las fórmulas coloquiales del conocimiento empírico y auguran el buen inicio del complicado proceso digestivo, sean cual fueren los platillos que prosigan.

Quizá uno de los cambios más acusados entre nuestros regímenes alimenticios y los de nuestras abuelas, se observa en el recorte de platillos y la tendencia a suprimir la sopa: "por guardar la línea", "por cuidar el bolsillo" o "por el trabajo de confeccionarla".

A pesar de ello, quién más, quién menos, recordará la emoción del paso de la mesa "chica" a la de los grandes y lo enorme que parecía la humeante sopera, ante cuyo cucharón temblamos para usarlo adecuadamente.

Temor repetido frente a "la sopa seca": ante los arroces perfectos en su individualidad, desparramándose a la menor provocación, albos o bellamente coloridos, rojos, verdes, amarillos, negros, o frente a los macarrones, la pasta cocida casi hasta su destrucción, ignorantes u olvidados aquí del punto europeo "al dente", por considerarlo semicrudo.

Cómo no rememorar las sopas características de las conmemoraciones: el caldo de habas de la Cuaresma, la crema de ostiones de la Nochebuena, o las asociadas a los días del santo de los importantes de la familia: "la mimosa", "la de jericaya" o "la de almendra"; sin olvidar la disputa anual que llegaba en julio con la "sopa de pan" del Convento del Carmen, por ser privilegio exclusivo de varones afortunados, quienes además gustaban del "potaje carmelita" en su receta verdadera.

Sean cuales sean las sopas de nuestros recuerdos, las de estas recetas están debidamente corroboradas, y encendidas o suaves serán siempre la animosa entrada de una buena comida.

Más vale viandas sencillas, que ricas y con rencillas

Sopa de poro y papa

1 1/2	litro de caldo
1/2 k	papas cocidas y picadas
25 g	mantequilla
2	poros rebanados
1	cucharada de azúcar quemada

❦ Freír en la mantequilla el poro, cuando acitrona agregar las papas y el caldo.

❦ Sazonar con sal y pimienta, dejar hervir; antes de servir, agregar el azúcar quemada.

❦ Rinde 6 raciones.

Receta de María Tena Ramírez

Sopa de queso

1 1/2	litro de caldo
200 g	queso fresco en cuadritos
2	cebollas finamente picadas
2	cucharadas de harina
2	huevos cocidos
1/2	barrita de mantequilla
·	sal y pimienta, al gusto

❦ Acitronar en la mantequilla la cebolla, agregar la harina y antes de que dore, añadir el caldo; al soltar el hervor, sazonar con sal y pimienta.

❦ Agregar el queso, las yemas pasadas por un colador y las claras finamente picadas.

❦ Vaciarla en la sopera y servir luego.

❦ Rinde 6 raciones.

Receta de Lourdes L. de González

Sopa de jaiba

3	jaibas
6	dientes de ajo
6	tomates asados y sin cáscara
3	rabos de cebolla
1	cebolla
1	rama de apio
·	chile verde asado

❦ Cocer los cangrejos con tres dientes de ajo, rabos de cebolla, apio y sal. Separar la carne de los cangrejos y colar el caldo.

❦ Moler los tomates con ajo, cebolla, chile y patas de los cangrejos, agregar al caldo y hervir durante cinco minutos; dejar reposar tres horas.

❦ Servir la sopa caliente con trocitos de la carne que se separó.

❦ Rinde 6 raciones.

Receta de Dolores Arámburu Sierra

Sopa de falsa tortuga

1 1/2	litro de caldo
2	manitas de ternera cocidas
1/4	jamón
150 g	mantequilla
2	cucharadas de harina
1	manojo de hierbas de olor
1	vaso de jerez seco
·	galletitas para sopa
·	sal y pimienta, al gusto

❦ Dorar en la mantequilla la harina, cuando obscurece agregar el caldo con las hierbas de olor atadas en un ramito. Cuando hierve, retirar las hierbas de olor.

❦ Poner en el caldo las manitas y jamón picados finamente, sazonar con sal y pimienta.

❦ Vaciarla en la sopera y agregar el vino. Acompañarla con galletitas.

❦ Rinde 8 raciones.

Receta de Ana María Tena Ramírez

Sopa de pan

1 1/2	litro de caldo
100 g	chorizo rebanado
50 g	jamón picado
1/2	taza de chícharos cocidos
1/2	taza de nabos cocidos
1/2	taza de zanahorias cocidas
12	rebanadas de pan frito
4	cucharadas de aceite
2	yemas cocidas
1	jitomate molido con ajo y cebolla

❧ Freír en aceite el chorizo y jamón, agregar el jitomate colado, dejar resecar.

❧ Añadir el caldo, las verduras y las yemas pasadas por un colador, después de diez minutos retirar del fuego.

❧ Colocar dos rebanadas de pan en el plato y sobre él servir la sopa.

❧ Rinde 6 raciones.

Receta de Lourdes L. de González

Sopa de ostiones

1 1/2	litro de caldo
3	cucharadas de harina
2	cucharadas de aceite
2	cucharaditas de perejil finamente picado
3	dientes de ajo finamente picados
3	yemas de huevo
1	lata de ostiones
1	limón
·	pan dorado en trocitos

❧ Freír en aceite los ajos y el perejil, agregar la harina moviendo para que no se dore, al soltar el hervor vaciar los ostiones a que hiervan cinco minutos, sazonar al gusto.

❧ Diluir las yemas en un poco del jugo de los ostiones y revolverlas con la sopa, procurando que no se cuezan.

❧ Vaciarla en la sopera con jugo de limón y pan dorado.

❧ Rinde 6 raciones.

Receta de Patricia G. de Espinosa

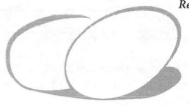

Sopa sol

1	litro de caldo de pollo
1/4	litro de crema
1/2 k	calabacitas tiernas
250 g	flor de calabaza
2	elotes medianos (tiernos)
1	cebolla picada finamente
1	rama de epazote
·	sal y pimienta, al gusto

❧ Desgranar los elotes, poner un poco de aceite al fuego y cuando esté bien caliente agregar los granitos de elote, las rebanadas de cebolla, las calabazas picadas y la flor de calabaza previamente deshebrada.

❧ Cuando estén cocidos estos ingredientes añadir el epazote picado y el caldo de pollo, sazonar con sal y pimienta, dejar hervir durante diez o quince minutos.

❧ Bañarla con crema al servir.

❧ Rinde 6 raciones.

Receta de Magdalena Serrano

Sopa de flor de calabaza

1k	flor de calabaza limpia y picada
8	elotes desgranados
3	cebollas rebanadas
2	latas de leche evaporada
1/4	chile poblano en rajas delgadas
·	caldo de pollo, el necesario
·	sal, al gusto

❦ Freír el elote, las rajas, la cebolla y la flor, se agrega el caldo, se deja sazonar y se le añaden las dos latas de leche evaporada.

❦ Rinde 10 raciones.

Receta de Guadalupe S. de Arámburu

Caldo tlalpeño

6	pechugas de pollo
3	cebollas rebanadas
3	jitomates
2	aguacates
2	chipotles secos
2	dientes de ajo
2	xoconostles en rajitas y sin semillas
1	cebolla

❦ Cocer las pechugas con ajo, cebolla, sal y agua suficiente.

❦ Freír las cebollas, agregar el jitomate molido y colado, cuando reseque, añadir el caldo de pollo colado, las pechugas deshuesadas y cortadas en mitades, chipotles y xoconostles; dejar hervir veinte minutos más.

❦ Servir con tiritas de aguacate.

❦ Rinde 12 raciones.

Receta de Alicia Ruiz de León

Caldo especial

1/2	pollo en raciones
1/4 k	aguayón de res
1/4 k	cecina lavada y cortada en tiras
1/2	taza de garbanzos remojados
3	cucharadas de arroz lavado y remojado
3	plátanos
3	zanahorias
2	cebollas
1	aguacate
1	cabeza de ajo
1	nabo
1	rama de apio, cilantro, yerbabuena y perejil
1/2	chile ancho desvenado y remojado
1/2	pieza de pan duro y remojado en caldo

❦ Poner las carnes a cocer, al empezar a hervir espumar el caldo y agregar los garbanzos, arroz, ajo y cebolla, añadir las zanahorias y el nabo partidos.

❦ Agregar las hierbas cuando la carne y las verduras estén cocidas y sazonar al gusto.

❦ Moler el chile con el pan y añadirlo al caldo; después de un hervor, retirar del fuego.

❦ Servir el caldo con la carne, verdura y rebanadas de plátano y aguacate.

❦ Rinde 12 raciones.

Receta de Elena Núñez Prida

Crema de cebolla

1/4 k	cebolla rebanada y desflemada
1	litro de caldo
1/2	litro de leche
1/4	lireo de crema
2	cucharadas de fécula de maíz
2	yemas cocidas
1	barrita de mantequilla
·	queso rallado
·	sal y pimienta, al gusto

❦ Freír en mantequilla la cebolla bien escurrida, cuando acitrona agregar fécula de maíz y el caldo a que se cueza la cebolla; sazonar con sal y pimienta.

❦ Añadir la leche a que dé un hervor; al momento de servir, agregar la crema, las yemas pasadas por un colador y el queso rallado.

❦ Rinde 6 raciones.

Receta de Guadalupe N. de Cárdenas

Macarrones a la mexicana

1	paquete de macarrón
2	cucharadas de aceite
1	cebolla
·	sal, al gusto
	Salsa
100 g	queso rallado
1	taza de caldo
8	ajos requemados
8	chiles anchos remojados y limpios
·	cominos y orégano, al gusto

❦ Cocer el macarrón con cebolla, sal y aceite; ya cocido, escurrirlo.

❦ Rinde 6 raciones.

Salsa
❦ Moler los chiles, ajos, cominos y orégano con el caldo. Freír y sazonar la salsa.

❦ Poner los macarrones en la salsa y espolvorear el queso

Receta de María Marroquín

Mole de olla

1k	espinazo de puerco
200 g	jitomate asado y sin cáscara
4	xoconostles pelados y picados en tiritas
3	clavos
3	chiles anchos remojados
3	dientes de ajo
3	pimientas
2	hojas de laurel
1	cebolla
1	cucharada de ajonjolí tostado
1	rama de hierbabuena

❦ Cocer el espinazo con ajos, hojas de laurel, hierbabuena, pimientas, clavos y sal, en dos litros de agua; cuando el espinazo esté cocido, separarlo y colar el caldo.

❦ Moler los chiles con jitomate, cebolla, ajonjolí y un poco de caldo. Freír esta salsa en un poco de manteca a que reseque.

❦ Agregar los xoconostles, el caldo y el espinazo; después de un hervor, servir caliente.

❦ Rinde 8 raciones.

Receta de Ana María Tena Ramírez

Cocido o puchero de enfermo

1	*gallina*
2	*rabos de cebolla*
1	*diente de ajo*
1	*taza de garbanzos remojados*
1/2	*taza de miga de pan*

❦ Cocer la gallina con ajo, cebolla, garbanzos y agua suficiente. Ya cocida y deshuesada, molerla con un poco de caldo, el migajón remojado y los garbanzos.

❦ Revolver el caldo de la gallina con lo molido, sazonar al gusto, dejar que dé un hervor y colarlo.

❦ Rinde 8 raciones.

Receta de Lourdes G. de López

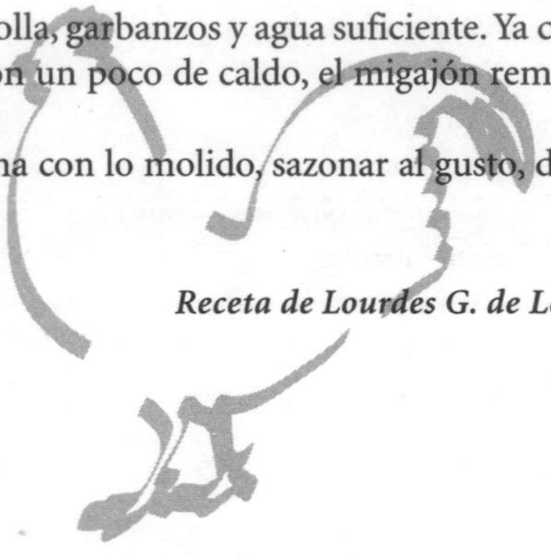

Caldo de chile con queso

2	*litros de caldo de pollo*
2	*tazas de queso Chihuahua*
1	*taza de leche evaporada (o 1/4 de litro de crema)*
6	*chiles poblanos verdes asados*
3	*dientes de ajo*
1	*cebolla chica*
·	*sal y pimienta, al gusto*

❦ Licuar tres chiles con cebolla, ajos y una taza de caldo.

❦ Cortar el resto de los chiles en rajas finitas.

❦ Freír los chiles licuados, sazonar con sal, pimienta y agregar el resto del caldo, dejándolo hervir aproximadamente quince minutos a fuego lento.

❦ Añadir la leche y por último el queso en cuadritos y los chiles cortados en rajitas.

❦ Acompañarlo con tiras de tortillas doradas en aceite.

❦ Rinde 6 raciones.

Receta de Irene Díaz de González

Pozole verde estilo "Las Seguras"

1 k	*maíz para pozole descabezado y pelado*
1 k	*maciza de cerdo*
3/4 k	*espinazo de cerdo*
1/2 k	*chiles poblanos*
1/2 k	*tomate verde*
3	*pechugas de pollo*
10	*chiles serranos*
10	*limones*
6	*xoconostles molidos y colados*
4	*chilacas asadas y desvenadas*
3	*chiles serranos asados*
3	*ramas de cilantro*
2	*cabezas de ajo*
2	*cebollas grandes*
2	*hojas de laurel*
1	*cucharadita de orégano*
·	*aceite*
·	*vinagre*
·	*sal y pimientas*

❦ El maíz de lava y se pone a cocer sin sal con una cabeza de ajo y una de cebolla hasta que empiece a florear.

❦ Se cuece toda la carne con sal, una cebolla, media cabeza de ajo, seis pimientas y las hojas de laurel.

❦ Se saca la carne una vez cocida y el caldo se cuela y se agrega al maíz cuando éste empieza a reventar, dejando que hierva hasta que esté suave y floreado.

❦ Los chiles se asan, pelan y desvenan y se muelen con los tomates previamente cocidos, unos dientes de ajo y las ramas de cilantro.

❦ Los xoconostles se pican y se agregan al pozole o, si se desea, se muelen junto con los chiles.

❦ Este chile se fríe y se sazona muy bien y se vacía en la olla del pozole junto con la carne desmenuzada.

❦ Se sirve con tostadas y salsa.

❦ Rinde 12 raciones.

Salsa

❦ Se muelen los chiles serranos crudos con orégano, sal, jugo de limón, dos dientes de ajo, un chorrito de vinagre y uno de agua.

Receta de María de Lourdes López Juárez

Pescados y Mariscos

PESCADOS Y MARISCOS

En diez mil kilómetros de litoral, sin contar los aportes de lagos y lagunas de agua dulce, los frutos acuáticos son incontables. Sin embargo, con excepción de los pueblos costeros, tierra adentro seguimos por lo general comiendo atados a una gastronomía de pescados secos, sin refrigeración ni transporte rápido. Xochimilco, en el Valle de México, es la excepción, aun el día de hoy.

La ignorancia y la falta de costumbre, por otra parte, hacen desperdiciar una cauda de pescados y mariscos de distintos y buenos sabores, los que se conocen como "especies baratas", pero cuyo contenido proteínico es alto, su posibilidad de cocinarlos fácil y con un costo que los convierte en gallarda y recomendable aventura gastronómica.

Charales, boquerones, sardinas, pequeñas carpas, fritas y comibles sin riesgo de espinas. Los cazones y las anguilas, "esos bichos tan feos", con sólo espina dorsal y carne suculenta, firme y grasa. Sin contar la opción de comprar el troceo para las bouillabaisse a la mexicana, en sopas de cocimiento dilatado como "el caldo largo" de nuestras regiones lacustres.

A comer y a misa, una vez se avisa

Pescado en perejil y aceite

1 1/2 k pescado entero y limpio
400 g   jitomate asado y picado
1   taza de perejil picado
1/4   taza de vinagre
3   cucharadas de aceite
3   cucharadas de pan molido
6   hojas de laurel
4   dientes de ajo finamente
        picados
1   cebolla finamente picada
1   cebolla rebanada
·   aceitunas y alcaparras
·   chiles verdes picados
·   sal, pimienta y canela, al gusto

🌟 Sancochar el pescado en agua a que lo cubra, cebolla rebanada, laurel, sal y pimienta.

🌟 Freír en el aceite los ajos, cebolla, jitomate y chiles, sazonar con sal.

🌟 Engrasar con manteca un refractario y poner la mitad del recaudo frito, la mitad del perejil, aceitunas y alcaparras, canela y pimienta.

🌟 Colocar encima el pescado y cubrir con el resto del recaudo, perejil, alcaparras, aceitunas, especias, el vinagre y pan molido.

🌟 Hornear durante quince minutos antes de servirlo.

🌟 Rinde 6 raciones.

Receta de Luz G. de López

Pescado en salsa de jitomate y aceite

1 k   pescado entero, limpio, con
        cortes diagonales
350 g   jitomate asado y sin cáscara
20   cebollitas cocidas
12   dientes de ajo finamente
        picados
4   cucharadas de aceite
4   cucharadas de manteca
3   cucharadas de cebolla
        finamente picada
2   pimientas enteras
·   chiles en vinagre y aceitunas
·   sal, al gusto

🌟 Freír en el aceite y manteca los ajos y cebolla a que acitronen. Agregar el jitomate molido con las pimientas y sal.

🌟 Añadir el pescado entero, previamente sancochado en aceite, procurando no romperlo; dejar que se cueza.

🌟 Ponerlo en un platón adornando con los chiles en rajitas, aceitunas y cebollitas.

🌟 Rinde 6 raciones.

Receta de Matilde Ramos

Pescado a la barquera

3/4 k   pescado en rebanadas
50 g   mantequilla
1   taza de vino tinto
1/4   taza de perejil picado
2   limones
2   manojos de cebolla de
        Cambray
·   tomillo, mejorana y sal

🌟 Lavar y enjuagar el pescado en agua con limón, ponerlo en un refractario con perejil, tomillo, mejorana, cebollitas y sal. Cubrirlo con el vino tinto.

🌟 Cocer en el horno y, para servir, agregarle trocitos de mantequilla.

🌟 Rinde 6 raciones.

Receta de Elena Núñez Prida

Pescado gratinado

1 1/2 k	pescado limpio, con cortes diagonales
250 g	queso amarillo rallado
1	taza de agua
2	limones rebanados
2	zanahorias rebanadas
1	cebolla rebanada
·	hierbas de olor
·	sal
	Salsa
1/2	litro de leche
50 g	mantequilla
3	cucharadas de harina
2	yemas crudas
·	jugo de un limón

♥ Colocar en un recipiente extendido las zanahorias, cebolla, ruedas de limón, hierbas de olor, agua y sal. Dejar hervir.

♥ Agregar el pescado y cocerlo primero de un lado y luego del otro, procurando que quede entero, durante cinco minutos aproximadamente.

♥ Colocar el pescado en un refractario. Bañarlo con salsa y queso rallado, gratinar en el horno.

♥ Rinde 6 raciones.

Salsa

♥ Dorar la harina en la mantequilla.

♥ Sin dejar de mover, agregar leche, yemas, jugo de limón y sal, hasta que se cueza la harina.

Receta de Ana María Tena Ramírez

Filete de mojarra al horno

12	filetes de mojarra (100 g cada uno)
1 1/2	taza de puré de tomate
1/2	taza de chícharos cocidos
3	cucharadas de perejil picado
3	hojas de laurel
2	limones
2	zanahorias cocidas rebanadas
1	cebolla rebanada
1	pimiento en rajas
·	aceite de oliva
·	aceitunas
·	sal y pimienta

♥ Enjuagar los filetes con agua y jugo de limón.

♥ Acomodarlos en un refractario.

♥ Cubrirlos con el puré de tomate previamente sazonado, cebolla y el resto de los ingredientes.

♥ Agregar por último el aceite de oliva.

♥ Cocer en el horno durante quince minutos aproximadamente.

♥ Rinde 6 raciones.

Receta de Guadalupe Escamilla

Tamales de mojarra

100 g	chile guajillo
6	mojarras limpias
4	dientes de ajo
2	cebollas en rodajas
1	manojo de epazote
·	hojas para tamal, remojadas
·	sal

♥ Remojar el chile, molerlo con ajo y sal.

♥ Untar las mojarras con esta mezcla. Dejar marinar durante media hora.

♥ Poner las mojarras, una por una, en hojas de maíz con una rama de epazote y cebolla.

♥ Envolver y cocer en la vaporera con agua y sal durante veinte minutos aproximadamente.

♥ Rinde 6 raciones.

Receta de Victoria Calderón de Duarte

Camarones en salsa roja

1/2 k   camarones limpios
1   taza de agua
2   cucharadas de aceite
2   cucharadas de manteca
2   cucharadas de perejil picado
4   dientes de ajo machacados
2   jitomates asados
1   cebolla finamente picada
1   chile ancho remojado
1   jitomate picado
·   sal y pimienta

❦ Requemar los ajos en aceite y manteca.
❦ Retirarlos y freír en ese aceite la cebolla, jitomate y perejil picados.
❦ Agregar el jitomate asado y molido con el chile.
❦ Añadir los camarones y una taza de agua.
❦ Sazonar con sal y pimienta; después de un hervor, servir.
❦ Rinde 4 raciones.

Receta de Luz González Marroquín

Huachinango Isla Mujeres

1 1/2 k huachinango entero y limpio
300 g   papa blanca chica, sin cáscara
2   cebollas en rodajas
2   cucharadas de achiote
2   naranjas agrias
2   pimientas en tiritas
·   papel aluminio
·   sal y pimienta, al gusto

❦ Disolver el achiote en jugo de naranja. Espolvorear el pescado con sal y pimienta y untarlo con el achiote.
❦ Cubrir un refractario con papel de aluminio, dejando fuera un pedazo del papel para taparlo; agregar el pescado, las papas, cebolla, pimientos y la salsa de achiote con naranjas.
❦ Tapar el recipiente con el papel de aluminio; cocer en el horno a 280°C durante 30 minutos.
❦ Rinde 6 raciones.

Receta de Leonardo Pérez Rojas

Pulpos del Centenario

1k   pulpos
1/2 k   jitomate
1/4 k   cebolla
1/4   litro de aceite de oliva
1   copa de vino tinto
2   cucharadas de perejil picado
1   cucharadita de hierbabuena
         picada
8   pimientas
4   dientes de ajo
3   hojas de laurel
1   poquito de tomillo
1   rajita de canela
·   aceitunas, alcaparras,
         almendras, pasitas y rajas de
         chile jalapeño
·   sal, al gusto

❦ Limpiar los pulpos y sacarles la tinta; picar en crudo jitomate, cebolla, ajo, perejil y hierbabuena.
❦ Vaciar en una cacerola con el aceite y las demás especias, poner a cocer y cuando estén blanditos, agregar rajitas de chile, aceitunas, alcaparras, vino, almendras, pasitas y la tinta del pulpo que se habrá disuelto en un poquito de vinagre. Dejar sazonar con sal.
❦ Rinde 6 raciones.

Receta de Lourdes M. de Rodríguez

Pulpos en su tinta

1 1/2 k pulpo cortado en trozos
1   taza de caldo
1   vaso de vino tinto
4   jitomates pelados y picados
3   dientes de ajo
2   cebollas
3   cucharadas aceite de oliva
1   bolillo rebanado, dorado y
        molido
1   limón
·   aceitunas, hierbas de olor,
        perejil, pimienta y sal

🌤 Sacar la tinta de la bolsita y ponerle limón.
🌤 Cocer los pulpos con un diente de ajo, una cebolla, agua suficiente para cubrirlo, sal, hierbas de olor y perejil.
🌤 Estando todavía duro se saca, se le quita la piel, se regresa al fuego a que se termine de cocer.
🌤 Freír el jitomate a que reseque, agregar pan, cebolla, ajos picados y fritos, el pulpo, el caldo en que se coció, vino, aceitunas, sal, pimienta y la tinta.
🌤 Se deja hervir durante veinte minutos, se añade el aceite de oliva y se sirve con arroz blanco.
🌤 Rinde 8 raciones.

Receta de Guadalupe S. de Arámburu

Bacalao a la vizcaína

1/2 k   bacalao remojado
1/2 k   jitomate asado y sin cáscara
10   rebanadas de pan dorado
5   cucharadas de aceite
1/4   cebolla picada
·   chiles largos, al gusto

🌤 Cambiar varias veces el agua del bacalao; darle un hervor y escurrirlo.
🌤 Freír en el aceite la cebolla, agregar el jitomate molido con cuatro rebanadas de pan, el bacalao en pedazos y dejar hervir a fuego lento hasta que tome la consistencia de una pasta.
🌤 Servir el bacalao con chiles largos y las rebanadas de pan por encima.
🌤 Rinde 6 raciones.

Receta de Adriana González

Revoltijo

3 k   romeritos cocidos
1 k   papas chicas cocidas
300 g   camarones secos
200 g   manteca de cerdo
150 g   avellanas
100 g   ajonjolí
100 g   cacahuates pelados
50 g   pan molido
1/4   taza de aceite
12   piezas de chile ancho
6   chiles mulatos
6   chiles pasilla
4   huevos
2   tablillas de chocolate

🌤 Pelar los camarones y cocerlos en agua. Reservar. Moler los caparazones en seco. Batir las claras y por separado batir las yemas, añadir el polvo de camarón y el pan molido. Hacer tortas de camarón
🌤 Freírlas en aceite, reservar. Freír los chiles rápidamente en manteca, para que no se quemen; remojar en agua caliente, moler y colar.
🌤 En una sartén seca tostar el ajonjolí y reservar. Tostar en la misma sartén con un poco de grasa los cacahuates y avellanas.
🌤 Moler todo en licuadora con un poco de agua y colar sobre una cazuela con la manteca caliente. Sazonar.
🌤 Mover continuamente hasta que suba la grasa, añadir el chile molido y cuando suba la grasa de nuevo, agregar el caldo de camarón y el chocolate.
🌤 Añadir los romeritos cocidos, los camarones y las papas peladas. Rectificar sabor y agregar las tortas de camarón. Servir caliente.
🌤 Rinde 20 raciones.

Receta de Diana Chapa

Bacalao encebollado

1/2 k   bacalao
1/2 k   jitomate picado
10   dientes de ajo picados
2   cebollas rebanadas
2   pimientos
·   clavo y pimienta, al gusto

❦ Remojar el bacalao durante 24 horas, desalarlo y cortarlo en trozos.

❦ Acomodarlo en un recipiente con capas de cebolla, jitomate y ajos.

❦ Agregar los pimientos en rajas, clavo y pimienta; por último, bañarlo con aceite y ponerlo a fuego lento, bien tapado, hasta que se consuma el jugo de la cebolla y el jitomate.

❦ Rinde 8 raciones.

Receta de Patricia G. de Espinosa

Aves y Carnes

AVES Y CARNES

Las aves de vuelo, palomas, pichones, perdices y las gallinas venidas de Castilla, encontraron entre otros muchos alados congéneres a las codornices, a las pequeñas gallinas de la tierra, a los patos, las gallaretas y a los guajolotes: los pavos, gallos de papada o gallos de la tierra, vigorosos y simbólicos, pese a su sino de morir la víspera. No en vano el orgullo del pueblo colgó alguna vez en el palacio virreinal un cartel que decía:

Se alquila para
gallos de la tierra
y gallinas de Castilla

Don Alfonso Reyes, capaz de meter a *México en una nuez*, nos cuenta la creencia: "El hombre que ha comulgado con el guajolote –totem sagrado de las tribus– es más valiente en el amor y la guerra, y está dispuesto a bien morir como mandan todas las religiones y todas las filosofías."

Puede el gusto mexicano regatear sus preferencias por la leche, que a cambio se confiesa devoto ferviente de la carne, más de la firme y recia que de la de los lechales, sean cerdo o ternera.

Si la historia no fuese testigo del paso de piaras y hatos, hoy hace casi cinco siglos, podríamos suponer que cerdos, ovejas, cabritos, carneros y vacas son oriundos de estos suelos. Aquí hemos discurrido emplearlos de modos y maneras diferentes, crujiente chicharrón, salazones, cecinas y longanizas al gusto mexicano, emparentadas lejanamente con la chistorra española, sin olvidar que de latitudes hispánicas llegó un buen trasplante de choriceros hasta Toluca.

La carne es cosa de hombres, dominio masculino desde su crianza a su consumo, desde la cacería hasta su preparación, en que el gusto mexicano plantea otros cortes de la carne, más delgados y de cocimiento más largo.

Recaudo hace cocina y no doña Catalina

Pichones en pipián

6	pichones limpios
1	taza de jugo de naranja
1	taza de pepita de calabaza
4	chiles anchos sin semillas
1	taza de caldo
2	dientes de ajo
1/2	cebolla
1/2	taza de aceite
1/2	taza de aceitunas picadas
·	sal, pimienta y cominos

❦ Sazonar los pichones con sal y pimienta y freírlos en aceite caliente a que doren.

❦ Pasar por aceite caliente los chiles y suavizarlos en el caldo caliente.

❦ Moler los chiles con los ajos, cebollas, cominos y pimienta con el caldo, agregar lo molido a los pichones fritos.

❦ Reducir el fuego; si es necesario, añadir más caldo y tapar la cacerola a que se cuezan los pichones, rectificar la sal y agregar las aceitunas.

❦ Retirar del fuego y servir con ensalada fresca.

❦ Rinde 6 raciones.

Receta de Guadalupe Rodríguez Martínez

El viudo

2	pollos partidos en piezas
3	cucharadas de aceite de oliva
2	hígados de pollo
1	cebolla finamente picada
1/2	bolillo en rebanadas
1/2	taza de pasas
1/4	taza de aceite
·	azafrán, canela, clavo, orégano, perejil,
·	sal y pimienta, al gusto

❦ Freír en aceite las piezas de pollo, agregar la cebolla a que acitrone.

❦ Dorar las rebanadas de pan, molerlas en la licuadora junto con las pasas, hígados, especias y el agua necesaria.

❦ Vaciar la salsa sobre el pollo, cocer a fuego lento a que espese y agregar el aceite de oliva. Servir caliente.

❦ Rinde 10 raciones.

Receta de Elena Núñez Prida

Gallina en nogada

1	gallina limpia
1/4 k	nueces de Castilla limpias
300 g	jitomate asado
3	cucharadas de manteca
2	cucharadas de perejil picado
3	dientes de ajo
1	vaso de vino blanco
·	pimienta, clavo, cominos, canela y sal, al gusto

❦ Cocer la gallina con especias y sal.

❦ Tostar las nueces y molerlas con jitomate (sin semillas ni cáscara).

❦ Requemar en la manteca los ajos, retirarlos y freír en esta grasa la salsa de nueces y jitomate.

❦ Agregar un poco de caldo y la gallina cortada en raciones; cuando espese la salsa, añadir el vino fuera del fuego y servir con el perejil por encima.

❦ Rinde 6 raciones.

Receta de Lourdes L. de González

Ciudad de México

Mole de mi agüela

1	pollo cortado en piezas y cocido con ajo, cebolla y sal
100 g	tomates verdes
60 g	nuez pelada
60 g	pasas
50 g	almendras
3/4	taza de aceite
10	pimientas negras chicas
5	chiles anchos
5	chiles mulatos
2	chiles pasillas
2	clavos
2	cucharadas de ajonjolí tostado
1	pieza de pan de huevo
1	jitomate mediano
1	trozo de canela
1/2	bolillo
1/2	tableta de chocolate (28 g)
·	caldo en que se coció el pollo
·	sal, al gusto

❧ Freír en parte del aceite los ingredientes secos, con las especias.
❧ Freír los chiles desvenados y remojados en caldo caliente.
❧ Partir en trozos el jitomate, los tomates y freírlos.
❧ Moler en la licuadora todos los ingredientes.
❧ Calentar el resto del aceite y freír el mole sin colarlo, a fuego lento, sin dejar de mover para que no se pegue.
❧ Hervir durante un rato, agregando el caldo necesario hasta que quede de regular consistencia.
❧ Servir sobre el pollo. (También puede servirse con carne de puerco.)
❧ Rinde 6 raciones.

Receta de María de Lourdes López Juárez

Pollos de albañil

2	pollos tiernos en piezas
1/2	taza de pan molido
1/4	taza de aceite
1/4	taza de vinagre
6	dientes de ajo
3	chiles poblanos asados y en rajas
·	sal y pimienta, al gusto

❧ Freír las piezas de pollo en una cacerola tapada, a fuego suave, hasta que quede bien dorado.
❧ Agregar los ajos machacados, las rajas de chile poblano y el vinagre, sazonar con sal y pimienta.
❧ Al soltar el hervor añadir una taza de agua y cocer a fuego lento con la cacerola tapada.
❧ Retirar de la lumbre, espolvorear el pan molido y servir.
❧ Rinde 10 raciones.

Receta de Victoria Ortega

Pollo a la campesina

12	piezas de pollo
125 g	chile guajillo (sin venas ni semillas)
125 g	tomate verde
5	limones
1	cebolla grande
1	taza de aceite
·	sal y pimienta blanca

❧ Marinar el pollo en el jugo de los limones, sal y pimienta.
❧ Cocer los chiles con los tomates y cebolla. Moler y colar la salsa.
❧ Freír las piezas de pollo en el aceite a que doren, agregar la salsa, hervir a fuego lento y sazonar; añadir agua caliente si es necesario.
❧ Servir el platillo acompañado con arroz blanco.
❧ Rinde 10 raciones.

Receta de Leonardo Pérez Rojas

Conejo al pulque

1	conejo (2 k)
1/4 k	manteca
100 g	chile ancho
1	litro de agua
1	litro de pulque
7	chiles chipotles secos
6	hojas de hierbas de olor
2	jitomates
1	pizca de cominos
·	ajo y cebolla
·	sal, al gusto

❧ Cocer el conejo con agua y pulque en igual cantidad, agregar hierbas de olor, cebolla y ajo (sin usar olla de presión); ya cocido, freír con manteca en una cazuela.

❧ Preparar el aderezo tostando el chile ancho y el jitomate; después remojar el chile ancho y el chile chipotle en agua caliente durante cinco minutos; licuar con ajo, cebolla, agua y una pizca de cominos.

❧ Freírlo con manteca y sal en el mismo recipiente donde se frió el conejo. Agregar el conejo a que hierva durante quince minutos.

❧ Rinde 6 raciones.

Receta de María Eugenia Fuentes Amaya

Asado de bodas

1k	carne de cerdo en trozos chicos
300 g	tomate verde
100 g	manteca
4	chiles anchos
4	dientes de ajo
1/2	tableta de chocolate (28 g)
1/2	tortilla
1/4	cebolla
1/4	pan duro
·	laurel, orégano, comino y cáscara de naranja
·	sal, al gusto

❧ Poner a cocer la carne en trozos, en un recipiente tapado, con cebolla y sal. Retirar; cuando esté suave y seca; reservar.

❧ Dorar en la manteca el pan, tortilla, ajo, chiles, tomates verdes. Poner el pan, tortilla y chiles fritos en caldo caliente para que se suavicen.

❧ Dorar la carne en esa misma cazuela y añadir los demás ingredientes molidos y colados. Sazonar con el chocolate y especias. Servir.

❧ Rinde 8 raciones.

Receta de Graciela M. de Flores

Callos de ternera

3/4 k	callos de ternera limpios
1/2 k	papas
350 g	jitomate asado y sin cáscara
25	aceitunas
7	dientes de ajo
3	cucharadas de aceite
3	pimientas gordas
1	cebolla grande
2	chiles anchos remojados
1/2	manojo de hierbas de olor
·	orégano, tomillo, clavo, pimienta, perejil y cominos
·	sal, al gusto

❧ Cocer los callos con cuatro ajos, pimientas, hierbas de olor y sal. Ya cocidos, lavarlos con agua tibia y enjuagarlos tres veces; cortarlos en tiritas.

❧ Freír en aceite la cebolla y tres ajos picados a que se acitronen, añadir el jitomate molido con los chiles, especias y el agua necesaria, para formar un caldillo.

❧ Agregar los callos, las papas (cocidas y cortadas en trozos) y las aceitunas; después de un hervor, servir.

❧ Rinde 6 raciones.

Receta de Elena Núñez Prida

Tinga poblana de calabacitas

1/2 k	calabacitas tiernas
1/4 k	lomo de cerdo
100 g	queso añejo rallado
2	cebollas medianas
1	cucharada de manteca
1	cucharadita de carbonato
1	lata chica de chiles chipotles
·	sal, al gusto

❦ Rebanar y cocer las calabacitas en agua con sal y una pizca de carbonato, desvenar el chipotle y picarlo. Las calabacitas deben quedar ligeramente duras para evitar que se deshagan.

❦ Cocer el lomo y deshebrarlo. Engrasar un refractario o budinera con manteca, hacer capas de calabazas, carne cocida y deshebrada, cebolla rebanada, queso y, al final, añadir el chipotle.

❦ Tapar con papel aluminio y meter al horno a temperatura regular por espacio de diez minutos.

❦ Rinde 6 raciones.

Receta de Magdalena Serrano

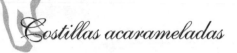

Costillas acarameladas

6	costillas gruesas de ternera
3/4	taza de agua
1/2	taza de azúcar
3	papas peladas y partidas
3	zanahorias peladas y partidas
2	cucharadas de vinagre
2	hojas de laurel
1	barrita de mantequilla
·	clavo, canela y sal, al gusto

❦ Preparar caramelo con el azúcar (que quede claro); vaciarlo en un refractario a cubrir el fondo.

❦ Freír en mantequilla las costillas, que doren primero de un lado y luego del otro; acomodarlas sobre el caramelo.

❦ Encima de las costillas colocar las papas y zanahorias, laurel, clavo y canela molidos, vinagre y agua.

❦ Cocer en el horno a calor regular hasta que se consuma el líquido. Servirlas con puré de papa o de camote.

❦ Rinde 6 raciones.

Receta de Guillermina López de Castillo

Manchamanteles

1	pollo grande
1/2 k	carne de cerdo
100 g	chícharos pelados
75 g	manteca de cerdo
8	piezas de chiles anchos
3	dientes de ajo
3	duraznos
2	camotes
2	cebollas
2	cucharadas de azúcar
2	cucharadas de vinagre
2	jitomates grandes
2	plátanos Tabasco
2	rebanadas de pan
2	rebanadas de piña
·	sal, comino, orégano, canela y clavo

❦ Cocer la carne de cerdo en agua con sal y cebolla; a media cocción añadir el pollo en trozos. Reservar. Tostar y remojar los chiles con caldo caliente y vinagre.

❦ Asar a la plancha el jitomate y el ajo. Cocer en agua las cebollas, el camote y los chícharos por separado.

❦ Calentar la manteca y dorar el pan, sacarlo y molerlo junto con los chiles (y el agua de remojo), jitomate y ajo.

❦ Colar la salsa sobre la grasa caliente y mover durante quince minutos. Sazonar con sal, azúcar y especias.

❦ Añadir la carne y el pollo en trozos; agregar piña, duraznos y plátanos en trozos. Dejar cocer unos minutos y añadir el camote, rectificar el sabor y servir.

❦ Rinde 8 raciones.

Receta de María Teresa C. de López

Asado de carnero

3/4	pierna de carnero sin hueso
1	taza de vinagre
4	cucharadas de manteca
1	cucharada de orégano
4	dientes de ajo
2	limones rebanados
1	cabeza de ajos entera
1	manojo de hierbas de olor
·	sal, al gusto

Salsa

1 1/2	taza de caldo
3	cucharadas de aceite
3	cucharadas de aceite de oliva
2	cucharadas de harina
2	chiles anchos limpios y remojados
2	dientes de ajo
·	sal y pimienta, al gusto

❧ Cocer la carne con vinagre, hierbas de olor, limones, orégano, una cabeza de ajos, agua y sal; hervir a fuego lento.

❧ Retirarla del fuego después de treinta minutos, untarla de manteca revuelta con cuatro dientes de ajo molidos; acabarla de cocer en el horno y servirla rebanada con la salsa.

❧ Rinde 6 raciones.

Salsa
❧ Freír en el aceite la harina, antes de que dore agregar los chiles molidos con el ajo y el caldo, sazonar con sal y pimienta; cuando espese, añadir el aceite de oliva.

Receta de Virginia Ortiz Muñoz

Fiambre

1	pollo cocido y cortado en trozos
1k	lomo de cerdo cocido y rebanado
1/2 k	lengua de cerdo cocida y rebanada
450 g	patitas de cerdo cocidas y partidas en trozos
100 g	chipotles en vinagre, rellenos de queso fresco
3	tazas de lechuga finamente picada
1	taza de aceite de oliva
1/4	taza de vinagre de vino
25	aceitunas
5	jitomates en rebanadas
1	aguacate
·	hierbas de olor al gusto
·	rabanitos
·	sal y pimienta, al gusto

❧ El éxito de este platillo depende de lo bien cocidas que estén las carnes.

❧ Mezclar vinagre, aceite, hierbas de olor, sal y pimienta; dejar macerar las carnes durante varias horas en esta mezcla.

❧ Se sirve con lechuga y jitomate, orégano espolvoreado, chipotles, aguacate, aceitunas y rabanitos.

❧ Rinde 8 raciones.

Receta de Lourdes L. de González

Vegetales y Chiles

VEGETALES Y CHILES

Pocas bellezas pueden compararse con un huerto bien cultivado en el que las verduras con su verderol lorquiano y las legumbres de tallo y hojas, como el apio, los berros, espinacas, verdolagas, coles, acelgas y las tan gratas a los "lechugueros morelianos", surjan en su esplendor.

Igual los de flores y frutas: coliflores, chiles, berenjenas, pimientos, alcachofas, calabazas, pepinos y jitomates, pese al fallo de la Suprema Corte de los Estados Unidos que en 1893 los declaró vegetales para fines comerciales. Son de raíz las papas, ajos, rábanos y cebollas, y de semilla el arroz, la lenteja, el garbanzo, los chícharos, los frijoles y el maíz.

Todos propicios para guisos o ensaladas, crudas o cocidas, que para ser perfectas precisan de:

Un sabio para la sal,
un pródigo para el aceite,
para el vinagre un avaro
y un loco para mezclarlo.

Pero los resultados pueden ser tan espléndidos como el de las mexicanísimas "frutas en vinagre".

A la mejor cocinera se le va un tomate entero

Ensalada rápida

500 g   papas cocidas y picadas
200 g   chícharos cocidos
2   aguacates en tiras
2   cucharadas de cebolla picada
2   huevos cocidos
1   cucharada deperejil picado

        Aderezo
1/4   taza de aceite
3   cucharadas de vinagre
1   cucharadita de mostaza
·   sal y pimienta, al gusto

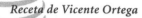

❦ Revolver papas, chícharos, cebolla, un aguacate, perejil, las claras en tiritas y un jitomate picado.
❦ Colocar en una ensaladera y sazonar con el aderezo.
❦ Adornar con las yemas pasadas por un colador, tiras de aguacate y rebanadas de jitomate.
❦ Rinde 6 raciones.

Aderezo
❦ Mezclar aceite, vinagre y mostaza con sal y pimienta.

Receta de Vicente Ortega

Col rellena

1   col de tamaño regular
350 g   carne molida de res y cerdo
4   cucharadas de aceite
2   cucharadas de vinagre
1   cucharada de cebolla picada
6   pimientas gruesas
2   dientes de ajo picados
2   huevos
2   papas

        Salsa
500 g   jitomate molido con ajo y
        cebolla
3   cucharadas de aceite
2   cucharadas de harina

❦ Quitar el centro a la col, picarla finamente en el aceite, freír la cebolla, ajo y col picada.
❦ Agregar la carne, papas crudas y picadas, sazonar con sal y pimienta, añadir los huevos, revolver hasta que se cuezan y rellenar la col.
❦ Envolver la col en una servilleta, atarla con un cordoncito y cocerla en agua que la cubra con las pimientas, vinagre y sal; cuando esté suave, dejarla escurrir, sacarla del lienzo, colocarla en un platón y cubrirla con la salsa.
❦ Rinde 6 raciones.

Salsa
❦ Freír en aceite la harina, agregar el jitomate molido y colado, añadir sal y pimienta y dejarla sazonar.

Receta de Virginia de Ortiz

Calabacitas fritas

3/4 k   calabacitas
100 g   tocino
1/8   litro de vino blanco seco
6   cucharadas de crema dulce
2   dientes de ajo
·   sal y pimienta

❦ Lavar las calabacitas y cortarlas a lo largo. Sazonarlas por el lado cortado con sal, pimienta y los dientes de ajo triturados.
❦ Cortar bien el tocino y dorarlo en una sartén hasta que esté tostado; retirar los pedacitos de tocino de la grasa y escurrirlos.
❦ Freír las calabacitas con la superficie cortada hacia abajo, en la grasa del tocino; verter el vino blanco, tapar la sartén y dejar cocinar durante diez minutos a fuego lento.
❦ Destapar y añadir la crema dulce, dejándolas cocinar diez minutos más, sin poner la tapa.
❦ Antes de servir esparcir el tocino frito por encima.
❦ Rinde 6 raciones.

Receta de Ma. de Lourdes M. de Rodríguez

Budín de calabacitas

3/4 k   calabacitas
200 g   jitomate molido con ajo y cebolla
100 g   queso rallado
1/4   litro de crema
8   tortillas frías
3   cucharadas de aceite
3   elotes
2   chiles poblanos
1   manojo de flor de calabaza
·   sal, al gusto

- ❦ Picar las calabacitas, desgranar los elotes, freírlos en dos cucharadas de aceite.
- ❦ Agregar el jitomate colado, sazonar con sal y cocer en su jugo a fuego lento. Antes de que se resequen, añadir las flores de calabaza, limpias y picadas y los chiles asados, sin cáscara, desvenados y en rajas. Cuando reseca, retirar de la lumbre.
- ❦ Acomodar en un refractario en capas: tortillas fritas en aceite, guisado de calabacitas, crema y queso, procurando que la última capa sea de queso.
- ❦ Hornear por espacio de 20 minutos antes de servir.
- ❦ Rinde 6 raciones.

Receta de Lourdes L. de González

Calabacitas a la reina

6   calabazas redondas grandes
50 g   mantequilla
50 g   queso rallado
3   elotes desgranados
2   huevos
·   sal y pimienta, al gusto

Salsa
1/4   litro de crema
2   chiles poblanos asados y limpios

- ❦ Partir las calabazas a la mitad y sacar la pulpa con cuidado para no romperlas.
- ❦ Moler los elotes y la mitad de la pulpa, revolver la mantequilla suavizada, queso, huevos enteros, sal y pimienta con los elotes y la pulpa de las calabacitas.
- ❦ Rellenar las calabacitas con esta mezcla, acomodarlas en una vaporera y cocerlas. Colocarlas en un platón y bañarlas con la salsa.
- ❦ Rinde 6 raciones.

Salsa
- ❦ Moler en la licuadora los chiles con la crema sazonada al gusto.

Receta de Elia del Socorro de Maciel

Calabacitas curtidas en adobillo

1/2 k   calabacitas chiquitas
50 g   queso fresco rallado
1/2   taza de vinagre
3   chiles mulatos desvenados y limpios
3   chiles anchos desvenados y limpios
3   cucharadas de aceite de oliva
1   diente de ajo
1   cebolla en rebanadas
·   orégano, pimienta y sal, al gusto

- ❦ Remojar los chiles en vinagre a que se suavicen (dos horas).
- ❦ Poner las calabacitas enteras en agua con sal a que den un hervor, tirarles el agua y escurrirlas.
- ❦ Moler los chiles con vinagre, ajo, orégano, pimienta y sal; poner las calabacitas en este adobo durante tres días.
- ❦ Servirlas en un platón, adornarlas con ruedas de cebolla desflemada y queso rallado, y rociarlas con aceite de oliva.
- ❦ Rinde 6 raciones.

Receta de Elena Núñez Prida

Chuletas fingidas de papas

700 g papa cocida y molida
200 g jitomate cocido y sin cáscara
50 g queso rallado
2 cucharadas de aceite
1 cebolla rebanada y acitronada
1 huevo crudo batido
1 lata de sardinas
· rajas de chiles en vinagre
· chile serrano asado
· sal, al gusto

- ❦ Revolver las papas con queso y sal.
- ❦ Freír en el aceite el jitomate molido con el chile; dejar que espese.
- ❦ Formar unas chuletas con la pasta de papa, rellenándolas con un pedazo de sardina y salsa de jitomate.
- ❦ Pasar la chuleta por huevo batido y freír hasta que dore.
- ❦ Servir con aros de cebolla y rajitas de chile en vinagre.
- ❦ Rinde 6 raciones.

Receta de Marilupe Arámburu de Boune

Papas a la marinera

3/4 k papa amarilla pelada y cortada en cuarterones
100 g mantequilla
2 cucharadas de harina
1 vaso de vino tinto
1/4 cebolla de Cambray
· hierbas de olor, perejil, sal y pimienta, al gusto

- ❦ Fundir la mantequilla, agregar la harina a que tome color oscuro, añadir el vino, las papas, cebollitas y perejil.
- ❦ Agregar las hierbas de olor atadas en un ramito (que se retira en cuanto hierve), sal y pimienta al gusto, y agua suficiente para su cocción.
- ❦ Tapar la cacerola y cocer a fuego lento.
- ❦ Rinde 6 raciones.

Receta de Ana María Tena Ramírez

Budín de espinacas

1 k espinacas cocidas
1 1/2 taza de crema
1/2 taza de leche
2 cucharadas de harina
2 huevos
· sal y pimienta, al gusto
· mantequilla y pan molido

Salsa de sesos
50 g mantequilla
3 cucharadas de harina
1 taza de caldo
1 pieza de sesos cocidos
· sal y pimienta, al gusto

- ❦ Batir las claras a punto de turrón.
- ❦ Agregar las yemas, las espinacas escurridas y picadas, la harina diluida en leche, crema, sal y pimienta.
- ❦ Engrasar un molde con mantequilla y espolvorearlo con pan molido; vaciar la mezcla.
- ❦ Ponerlo a cocer a baño María en el horno, a calor regular, hasta que cuaje. Vaciar el molde procurando que el budín no se rompa. Servir con la salsa de sesos por encima.
- ❦ Rinde 6 raciones.

Salsa de sesos
- ❦ Freír la harina en la mantequilla.
- ❦ Agregar el caldo y los sesos finamente picados, sazonar con sal y pimienta y dejar hervir hasta que espese.

Receta de Guadalupe S. de Arámburu

Plátano colorado

1/2 k	jitomate asado y sin cáscara
50 g	mantequilla
2	cucharadas de ajonjolí tostado
2	cucharadas de pepita tostada
2	plátanos machos maduros
1	cucharadita de azúcar
1/2	tablilla de chocolate
·	aceite
·	canela y sal, al gusto

- ❦ Moler los jitomates con ajonjolí, pepita y canela.
- ❦ Freír en la mantequilla la salsa, agregarle chocolate, sal y azúcar.
- ❦ Freír en el aceite caliente los plátanos rebanados.
- ❦ Acomodarlos en un platón y ponerles la salsa caliente por encima.
- ❦ Rinde 4 raciones.

Receta de María Luisa Arámburu de Calderón

Nopales navegantes

1 k	nopales tiernos
3	chiles serranos
3	huevos
3	cucharadas manteca de cerdo
2	cucharadas de aceite de oliva
2	cucharadas de vinagre
2	jitomates
1	diente de ajo
1/2	pan duro

- ❦ Cortar en tiras o picar los nopales. Cocerlos en agua hirviendo con abundante sal, orégano, laurel y tomillo y refrescar varias veces.
- ❦ Calentar la manteca en una cazuela, dorar el pan y reservar. Asar el jitomate y pelarlo, molerlo con el pan frito, ajo y chile serrano.
- ❦ Calentar de nuevo la cazuela y vaciar la salsa molida, dejándola sazonar durante unos minutos. Añadir los nopales escurridos, agregar aceite y vinagre, rectificar el sabor.
- ❦ Al final agregar los huevos ligeramente batidos, en cuando empiecen a cuajar, retirar. Servir calientes.
- ❦ Rinde 6 raciones.

Receta de Graciela M. de Flores

Chiles polkos

6	chiles poblanos asados y pelados
100 g	aceitunas picadas
100 g	queso fresco rallado
1/2	taza de aceite
1/2	taza de vinagre
2	cebollas rebanadas
2	huevos cocidos
2	jitomates rebanados
1	lata de sardinas desmenuzadas
1	lechuga
·	sal y pimienta, al gusto

- ❦ Mezclar aceite y vinagre con sal y pimienta, añadir las cebollas y chiles a marinar durante seis horas mínimo.
- ❦ Revolver las sardinas con las aceitunas y huevos picados con un poco del aceite y vinagre en que se marinaron los chiles.
- ❦ Rellenar los chiles con las sardinas y acomodarlos en un platón sobre lechuga finamente picada y rebanadas de jitomate. Espolvorear con queso rallado.
- ❦ Rinde 6 raciones.

Receta de Ana María Tena Ramírez

Chiles capones

8	chiles anchos enteros
1/2 k	nopalitos picados y cocidos
3	cucharadas de aceite de oliva
1/2	cucharadita de orégano
1/4	cebolla finamente picada
1/4	queso añejo
·	vinagre y sal

❧ Limpiar en seco los chiles, abrirlos con cuidado, sacarles las semillas y venas, ponerlos en suficiente vinagre caliente durante tres horas.

❧ Revolver queso, cebolla, orégano, aceite y sal, rellenar los chiles con esta mezcla, acomodarlos en un platón y adornar con ruedas de cebolla desflemada, queso desmoronado y nopalitos.

❧ Rinde 8 raciones.

Receta de Irma Alfonso Luna

Chiles a la norita

6	chiles anchos grandes
350 g	queso añejo
200 g	queso rallado
5	cucharadas de manteca
6	huevos
6	tortillas doradas
1	lechuga
1	aguacate
·	aceite

Salsa

1/2 k	tomate verde finamente picado
3	cucharadas de aceite
2	cucharadas de cebolla finamente picada
1/2	taza de agua

❧ Pasar los chiles por agua hirviendo, quitarles las semillas y la patita, cuidando que no se rompan.

❧ Rellenar los chiles con una rebanada de queso y dorarlos ligeramente en manteca.

❧ Pasar las tortillas por aceite caliente y acomodarlas en un platón; sobre cada tortilla colocar un chile, salsa y un huevo estrellado.

❧ Adornar el platón con hojas de lechuga, rebanadas de aguacate y queso rallado.

❧ Rinde 6 raciones.

Salsa

❧ Freír en aceite la cebolla, agregar los tomates picados y el agua, sazonar con sal y dejar hervir a que se cueza el tomate.

Receta de Lourdes L. de González

Chiles fríos

6	chiles poblanos asados
1/2	litro de vinagre
1/4 k	calabacitas
1/4 k	ejotes
1/4 k	queso fresco
1/4 k	zanahorias
25	aceitunas
6	cucharadas de aceite de oliva
1	cebolla rebanada
1	lata de sardinas en aceite
·	sal y pimienta, al gusto

❧ En un poco de aceite freír las verduras partidas en trozos, ponerlas en vinagre junto con los chiles, cebolla, sal y pimienta; dejar reposar 24 horas.

❧ Secar los chiles con un lienzo. La verdura se pica finamente y se revuelve con la mitad del queso desmoronado y un poco de aceite.

❧ Rellenar los chiles con las verduras y una sardina, apretándolos con las manos.

❧ Acomodarlos en un platón y agregar el resto del queso, aceitunas, yemas picadas, rebanadas de cebolla y aceite de oliva.

❧ Rinde 6 raciones.

Receta de Guillermina López de Castillo

Panes, Dulces, Frituras y Postres

Si hay fiesta o gozo, la repostería siempre se asocia y sirve inclusive para definir áreas o lugares: "las gorditas de la Villa", las blancas y planas o las boluditas morenas, "los buñuelos de rodilla del Carmen", el de San Angel o del céntrico barrio de la Ciudad de México, brindarán dulzura en mieles que enriquecen cañas, tejocotes, guayabas y canela.

Por no mencionar "las alegrías", que bajan de Tulyehualco a todas las fiestas de los santos patronos de parroquias que compiten con roscas, rosquitas o las pequeñinas para rodear la taza y justificar su nombre de "rodeos".

El pan de pulque o pan de indio que encontramos con los moldes tradicionales de los panes de ánimas, hoy se produce a gran escala en el Estado de México y de allí se derrama expuesto, con su voleo de ajonjolí, en los mismos huacales en que viaja a todas las festividades de la ciudad, sea para San Sebastián, San Pedro y San Pablo o Belem de Mercedarios.

Compite, por su excelencia, con fórmulas ya clásicas de panes de otras latitudes, el "pan de piloncillo" de Saltillo, las "empanadas de Santa Rita" cuyo origen disputan Durango y Coahuila y el marquesote o pan de rosa del sureste.

Mención de honor merecen dos creaciones mexicanas: los bolillos, "pan verdadero", invento insuperable al decir de gourmets internacionales, y el pan de dulce con su amplia gama de formas y nombres.

Un erudito, sesudo y dulcísimo ensayo resultará sin duda el que estudie las fórmulas con las que el mexicano satisface su necesidad de glucosa, al recoger las recetas familiares, las conventuales y las industriales de los dulces y postres, nativos, criollos, mestizos y de importación.

Conviene recoger las recetas de los dulces familiares; aquéllos que provocaban la emoción de las primicias, pidiendo rebañar las cazuelas o los cazos de cobre, al terminarse la complicada confección de las cajetas, las cafiroletas, los helados, las conservas y las cremas de diversos sabores hechas con flores o frutas para cubrir el panqué, a base de los "antes" famosos, como el ante clavel, el de rosa o el de guayaba.

Las recetas de inspiración casi celestial, fama de conventos, llegadas de las cocinas reales, tales como el manjar blanco o los huevos reales o la crema báquica, las tortitas de Santa Clara o las empanadas de Santa Rita. Mezcladas a las de la confitería comercial, la de antiguos y pintorescos pregones, con soplillos y azucarillos, alegrías, jamoncillos, alfajores, cocadas, trompadas y charamuscas, para concluir en el gozo deleitoso de comer su propia muerte en la calavera de azúcar que sobrepasa a la imaginación española detenida en "los huesos de santo".

Las cuentas claras y el chocolate espeso

Panqué de cacahuate

250 g	harina
200 g	azúcar
200 g	mantequilla
150 g	cacahuates molidos
5	huevos
2	cucharaditas de polvo para hornear

Decorado
1/2 k	azúcar glass
4	cucharadas de cocoa
3	claras

❦ Batir la mantequilla con el cacahuate molido, agregar poco a poco el azúcar y seguir batiendo hasta suavizar.

❦ Poner uno a uno los huevos; por último, la harina cernida con el polvo para hornear.

❦ Vaciar en un molde engrasado, cubierto con papel de estraza. Cocer a horno suave.

❦ Rinde 6 raciones.

Decorado
❦ Batir las claras ligeramente, agregando poco a poco el azúcar glass cernido, alternando con la cocoa; cubrir el panqué.

Receta de Victoria Ortega

Panqué de garbanzo

1/2	litro de leche
1/4 k	azúcar
1/4 k	garbanzo cocido y molido
6	huevos
1	raja de canela

❦ Hervir la leche con canela y azúcar, agregar la pasta de garbanzo moviendo con frecuencia para que no se pegue, retirar de la lumbre.

❦ Batir las claras a punto de turrón, añadir las yemas y la pasta del garbanzo, revolver.

❦ Regresar el cazo al fuego sin dejar de mover hasta que se le vea el fondo.

❦ Vaciar la pasta en un molde engrasado y dorarla en el horno caliente.

❦ Rinde 6 raciones.

Receta de Ana María Tena Ramírez

Donas Josefina

2	huevos
3	tazas de harina
1	taza de azúcar
1/2	taza de leche
2	cucharaditas de polvo para hornear
1	cucharada de mantequilla
1	limón (la ralladura)
·	aceite
·	azúcar con canela para revolver

❦ Batir las yemas con azúcar, agregar mantequilla, la leche con ralladura de limón y la harina cernida con el polvo para hornear; revolver sin amasar.

❦ Añadir las claras batidas a punto de turrón, revolviendo.

❦ Formar rosquitas, dorarlas en aceite caliente; sacarlas.

❦ Escurrir y revolcarlas en azúcar con canela.

❦ Rinde 12 raciones.

Receta de Victoria Ortega

Mantecadas abuelita

1/4 k	harina
1/4 k	mantequilla
175 g	azúcar
50 g	pasitas
6	huevos
2	cucharadas de polvo para hornear

- Batir la mantequilla hasta acremar, agregar el azúcar poco a poco, alternando con los huevos, batiendo tres minutos entre cada uno, añadir la harina cernida con el polvo para hornear.
- Al final añadir las pasitas; vaciar en moldes para panquecitos, engrasados y enharinados.
- Cocer en horno a calor regular durante veinte minutos.
- Rinde 12 raciones.

Receta de María Eugenia Santoyo de García

Roscas del Carmen

1 k	harina
1/4 k	manteca
1/2	litro de agua
1/2	litro de agua de anís tibia
3/4	taza de pulque dulce
·	pizca de sal

- Separar 1/4 k de harina, amasar con el pulque, dejarla reposar en un recipiente engrasado en lugar tibio, hasta que se esponje.
- Revolver el resto de la harina con la masa anterior, manteca y sal, amasar con el agua necesaria, formar rosquitas, dejarlas reposar.
- Acomodarlas en una lata engrasada y cocerlas en horno templado.
- Rinde 30 raciones.

Receta de María Eugenia Hegewish

Buñuelos de queso

1/2 k	harina
100 g	manteca derretida y fría
50 g	queso rallado
4	yemas
2	claras
·	infusión de canela y anís
·	leche
·	pizca de carbonato y sal

- Poner sobre la mesa los ingredientes secos, agregar las yemas, claras y manteca, revolver, añadiendo la infusión de canela y anís y leche necesaria para formar una masa suave; dejar reposar dos horas.
- Preparar los buñuelos extendiendo las bolitas, dejándolas muy delgadas.
- Freírlos en aceite caliente.
- Rinde 18 raciones.

Receta de Elia López de Maciel

Buñuelos de frijol

1 1/2	taza de frijol blanco cocido sin sal
1 1/2	taza de azúcar
3	huevos
·	clavo, canela, agua de azahar

- Escurrir perfectamente el frijol, molerlo con clavo, canela y poca agua de azahar hasta tomar la consistencia deseada; añadir los huevos y mezclar bien, escurrir.
- Formar bolas pequeñas y freír en aceite caliente.
- Preparar un almíbar ligero con el azúcar y una taza de agua. Enfriar.
- Acomodar los buñuelos en un platón y bañarlos con almíbar.
- Rinde 6 raciones.

Receta de Elena Núñez Prida

Buñuelos de molde

7	huevos
250 g	harina
1/4	litro de aceite
1	copita de jerez
1	taza de leche
1	molde de fierro para buñuelos
·	azúcar y canela

❧ Batir los huevos durante diez minutos, agregar la leche, el jerez y la harina, revolver muy bien. Dejar reposar.

❧ Calentar el aceite en una cacerola e introducir en ella el molde para buñuelos; ya caliente éste, retirarlo y meterlo en la pasta para que se adhiera la cantidad suficiente para un buñuelo.

❧ En la cacerola que contiene el aceite, introducir el molde con la pasta, hasta que ésta se despegue.

❧ Una vez dorados los buñuelos, se escurren y se revuelcan en azúcar con canela.

❧ Rinde 15 raciones.

Receta de Victoria Ortega

Buñuelos de estirar

1/2 k	harina
2	huevos
1	cucharada de azúcar
1	cucharada de manteca
1	pizca de sal
1/2	taza de azúcar para espolvorear
·	infusión de cáscara de tomate
·	aceite

❧ Formar una fuente con la harina, agregar todos los ingredientes, amasarla con el agua necesaria para formar una pasta suave, golpear la masa hasta que haga ojos.

❧ Dejar reposar cinco horas en un recipiente engrasado; agregarle grasa por encima, taparla con una servilleta húmeda.

❧ Hacer unas bolitas que se extienden sobre el asiento de una olla cubierta con un lienzo seco (deben quedar muy delgadas).

❧ Freírlas en abundante aceite caliente, dejar escurrir.

❧ Espolvorear cada buñuelo con azúcar.

❧ Rinde 6 raciones.

Receta de Elia López de Maciel

Puchas

9	yemas
35 g	manteca
30 g	azúcar
1	taza de harina
1/2	copita de alcohol 96°
	Miel
200 g	azúcar
1	cucharada de canela molida
1/2	taza de agua

❧ Batir las yemas con el azúcar hasta que cambien de color, agregar poco a poco la mitad de la taza de harina cernida.

❧ Incorporar la manteca derretida y tibia y el alcohol al mismo tiempo; por último, el resto de la harina.

❧ Poner la masa en la mesa y amasar con las manos hasta que truene.

❧ Se forma un bolillo y se cortan rebanaditas con las que se elaboran rosquetes con las manos enharinadas, que se ponen a cocer en el horno sobre charolas engrasadas.

❧ Preparar una miel ligera con azúcar, agua y canela, barnizar las puchas ya cocidas y regresarlas unos minutos al horno tibio a que se seque el barniz.

❧ Rinde 10 raciones.

Receta de Luz G. de López

Gorditas de cuajada

1/2 k   harina de maíz fresca y
         cernida
200 g   azúcar
200 g   mantequilla
1   litro de leche cuajada
5   yemas
1   cucharadita de polvo para
         hornear

🌸 Batir la mantequilla con cuchara de madera, hasta que haga ojos; agregar las yemas una a una, la cuajada bien exprimida, seguir batiendo.

🌸 Añadir azúcar, harina y polvo para hornear; preparar con las manos las gorditas y ponerlas sobre charolas para horno engrasadas, cubiertas con papel de estraza.

🌸 Cocer en horno templado y, cuando enfrían, quitarlas de la charola.

🌸 Rinde 15 raciones.

Receta de Guadalupe A. de Tostado

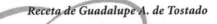

Pemoles de maíz

1 k   harina de maíz
1/2 k   manteca
125 g   azúcar
8   yemas cocidas y molidas
1   cucharada de canela molida

🌸 Revolver la harina con el azúcar y la canela, agregar las yemas.

🌸 Fundir la manteca y dejar enfriar, revolver con la mezcla anterior y hacer tortitas.

🌸 Poner las tortitas sobre charolas de lámina previamente engrasadas y cocer en el horno caliente.

🌸 Rinde 30 raciones.

Receta de María de la Luz Castillo de Pedrero

Manjar de monjas

12   yemas
250 g   almendras limpias y molidas
250 g   ciruelas pasas deshuesadas y
         hervidas con azúcar
100 g   mantequilla
1/4   litro de crema dulce
2   tazas de azúcar

       Turrón
2   claras
1   taza de azúcar
1/3   taza de agua
1   pizca de cremor tártaro
1   pizca de sal
·   vainilla y limón al gusto

🌸 Preparar un almíbar ligero con azúcar y media taza de agua, agregar las almendras; al soltar el hervor retirar del fuego a que enfríe un poco.

🌸 Agregar las yemas previamente batidas y volver al fuego suave, sin dejar de batir hasta que se vea el fondo del cazo; fuera de la lumbre añadir la mantequilla y la crema batida.

🌸 Vaciar en un platón en capas, una de dulce, otra de ciruela y así sucesivamente. Decorar con turrón.

🌸 Rinde 10 raciones.

Turrón

🌸 Poner en un cazo a la lumbre agua, azúcar, sal y cremor tártaro a que tome punto de bola dura.

🌸 Batir las claras a punto de turrón, agregando poco a poco la miel sin dejar de batir; por último, añadir vainilla y unas gotas de limón.

Receta de Guadalupe S. de Arámburu

Colecitas

2	litros de agua
1/4	litro de crema Chantilly
350 g	harina
225 g	mantequilla
14	yemas
6	claras
3	cucharadas de azúcar
1	huevo para barnizar
·	raspadura de un limón

❦ Poner a hervir el agua con la mantequilla; agregar la harina, azúcar y raspadura de limón sin dejar de batir, cuando despegue y forme una pasta tersa, retirar de la lumbre, dejar enfriar.

❦ Agregar una a una las yemas y las claras batiendo vigorosamente hasta que estén incorporadas. Poner cucharadas de la mezcla en latas de horno engrasadas.

❦ Barnizar con huevo y cocer en el horno a que doren; ya frías, rellenar con crema Chantilly.

❦ Rinde 15 raciones.

Receta de Adriana González

Maná

3	litros de leche
1/2 k	azúcar
1/4 k	azúcar glass y canela molida
100 g	almendra
100 g	nuez
50 g	piñones
1/2	taza de arroz crudo remojado
1/4	taza de garbanzos cocidos
4	yemas
3	clavos
3	hojas de naranjo
1/2	limón (la cáscara)
·	pizca de sal

❦ Poner al fuego la leche con el azúcar, la pizca de sal y hojas de naranjo en un atado (retirarlas cuando haya hervido).

❦ Añadir el garbanzo pelado y molido y el arroz, moviendo constantemente. Agregar las yemas diluidas en un poco de leche y dejar hervir hasta que espese.

❦ Añadir las almendras y nueces picadas, así como los piñones, continuar moviendo hasta ver el fondo del cazo.

❦ Retirar y vaciar en un platón refractario. Enfriar bien.

❦ Al día siguiente espolvorear con azúcar y canela para que se forme una costra, meter a horno caliente para dorar la superficie. Servir frío.

❦ Rinde 12 raciones.

Receta de Guillermina López de Castillo

Torrejitas de monja

300 g	papa blanca
1	taza de leche
4	cucharadas de azúcar
1/4	cucharadita de anís
3	huevos
1	hoja de laurel
1	trozo canela
1	trozo cáscara de limón
·	aceite
·	azúcar con canela

❦ Cocer las papas peladas la víspera hasta que estén muy suaves. Prensar para hacer un puré.

❦ Hervir la leche con el azúcar, cáscara de limón, laurel, anís y canela. Enfriar.

❦ Mezclar el puré de papa con la leche, añadir los huevos batiendo bien. Calentar el aceite y dejar caer cucharadas de la pasta para hacer las torrejas. Dorar por ambos lados.

❦ Escurrir sobre papel y revolcar en azúcar con canela.

❦ Rinde 6 raciones.

Receta de Ana María Tena Ramírez

Cafiroleta

12	yemas
1 k	azúcar
250 g	almendras limpias y molidas
1 1/2	tazas de soletas molidas
1/2	taza de jerez
·	canela y nueces molidas

❧ Poner en el fuego azúcar y dos tazas de agua, dejar hervir durante cinco minutos y retirar, enfriar un poco.

❧ Agregar las yemas batiendo bien, añadir las almendras y soletas, revolviendo con energía.

❧ Poner de nuevo al fuego y batir continuamente hasta que se vea el fondo del cazo, agregar el jerez, mezclar bien y vaciar en un platón. Espolvorear con canela.

❧ Rinde 12 raciones.

Receta de Luz G. de López

Huevos reales

16	yemas
3/4 k	azúcar
2	tazas de agua
1/2	taza de aguardiente
1/2	taza de almendras, piñones tostados y canela (molidos)
1	trozo de canela

❧ Batir las yemas hasta que estén espesas y pálidas. Vaciar en un molde cuadrado, engrasado con mantequilla. Cubrir con papel aluminio y meter al horno caliente a baño María. Cuando cuajan las yemas retirar y enfriar.

❧ Preparar un almíbar ligero con azúcar, agua y canela. Retirar del fuego y añadir el aguardiente, quitando la canela.

❧ Cortar las yemas en cuadros regulares y colocarlos en una dulcera, bañarlos con el almíbar un poco caliente y dejar que lo absorban bien. Espolvorear con almendras, piñones y canela.

❧ Rinde 6 raciones.

Receta de Elia López de Maciel

Postre del cura

5	yemas
1/2 k	azúcar
125 g	cacahuate molido
1/2	litro de leche
1	cucharadita de agua de azahar

❧ Poner al fuego el azúcar con media taza de agua; cuando espese un poco, añadir el cacahuate moviendo continuamente.

❧ Agregar las yemas desleídas en leche y dejar hervir de nuevo, moviendo constantemente hasta que se vea el fondo del cazo.

❧ Perfumar con el azahar y vaciar en un platón.

❧ Rinde 6 raciones.

Receta de Ana María Tena Ramírez

Chayotes en jericalla

3	chayotes blancos cocidos
1/2	litro de leche
1/2	taza de azúcar
6	yemas
1	trozo de canela
1/2	barrita de mantequilla

❧ Hervir la leche con azúcar y canela. Enfriar. Retirar la canela y añadir las yemas batiendo bien. Agregar los chayotes pelados y cortados en cuadros pequeños.

❧ Vaciar en cazuela de barro o recipiente refractario previamente engrasado. Poner al horno a baño María y, a media cocción, añadirle mantequilla en trozos. Debe quedar la superficie dorada.

❧ Rinde 6 raciones.

Receta de Luz G. de López

Manjar blanco

1 1/2	litro de leche
375 g	azúcar
150 g	almendras limpias y secas
6	cucharadas de fécula de maíz
6	cucharadas de harina de arroz
2	yemas
1/2	taza de agua

❧ Hervir la leche con azúcar, agregar las harinas disueltas en agua, moviendo constantemente.

❧ Poner en la licuadora las yemas y las almendras, moler con media taza de leche caliente, vaciar en el cazo sin dejar de mover, hasta que espese.

❧ Verter en un platón y adornar con almendras fileteadas y tostadas.

❧ Rinde 6 raciones.

Receta de Elena Núñez Prida

Torta de mamey

12	huevos
4	mameyes molidos
1 1/2	taza de azúcar
1/2	taza de pan molido
·	almendras, acitrón y nueces (picados)
·	gragea para espolvorear

❧ Batir las claras, agregar las yemas, el mamey, pan molido y almendras, acitrón y nueces, revolviendo constantemente.

❧ Vaciar en un molde engrasado y meter en horno caliente a que cuaje.

❧ Preparar un almíbar ligero con azúcar y una taza de agua. Partir en trozos la torta y bañarlos con el almíbar. Espolvorear la gragea.

❧ Rinde 12 raciones.

Receta de María Eugenia Hegewish

Dulce de arroz

2	huevos
1/2	litro de leche
1/2	taza de arroz
1/2	taza de azúcar
1/2	limón, la cáscara
·	azúcar para el caramelo

❧ Hervir la leche con azúcar y cáscara de limón. Agregar el arroz bien lavado, dejar hervir, cuando ya casi se consumió, revolver con las claras batidas a punto de turrón, añadir las yemas.

❧ Vaciar en un molde con caramelo y cocer a baño María.

❧ Rinde 6 raciones.

Receta de Elia López de Maciel

Ante de la zorra

1 k	azúcar
20	soletas
20	yemas
1	taza de agua
1	taza de jerez
·	pasas, almendras, acitrón y nueces

🌻 Preparar un almíbar ligeramente espeso con azúcar y agua. Retirar y enfriar. Batir las yemas a punto de cordón y añadir el almíbar frío.

🌻 Poner de nuevo a fuego suave moviendo constantemente hasta que espese la pasta. Retirar del fuego y vaciar en un platón, alternando con capas de soletas mojadas en jerez y frutas picadas.

🌻 Terminar con una capa de pasta de yema y adornar con la fruta.

🌻 Rinde 10 raciones.

Receta de Luz G. de López

Sainete

2 1/2 k	azúcar
1/2 k	almendra molida
1/4 k	camote cocido
1 1/2	litro de agua
1	piña molida
1	coco molido
·	soletas

🌻 Poner al fuego azúcar y agua, dejar hervir hasta que espese el almíbar. Añadir el camote pasado por tamiz, moviendo constantemente.

🌻 Agregar almendra, coco y piña molidos. Dejar hervir hasta que se vea el fondo del cazo.

🌻 Acomodar las soletas en un platón y cubrir con el postre.

🌻 Rinde 8 raciones.

Receta de Luz María de Valle

Ante de leche

2	litros de leche
1/2 k	azúcar
100 g	mantequilla
30	soletas
5	cucharadas de fécula de maíz
2	yemas
1	taza de leche con jerez dulce

🌻 Poner al fuego la leche con el azúcar, al hervir separar un poco y enfriar. Diluir en la leche fría la fécula de maíz y las yemas. Volver al fuego y dejar espesar moviendo constantemente. Al final agregar la mantequilla y retirar. Dejar enfriar.

🌻 Mojar las soletas en leche con jerez y acomodarlas en un platón, cubrirlas con dulce de leche, añadir las soletas restantes, terminando con una capa de dulce.

🌻 Rinde 12 raciones.

Receta de Luz G. de López

NUTRIMENTOS Y CALORÍAS

REQUERIMIENTOS DIARIOS DE NUTRIMENTOS (NIÑOS Y JÓVENES)

Nutrimento	Menor de 1 año	1-3 años	3-6 años	6-9 años	9-12 años	12-15 años	15-18 años
Proteínas	2.5 g/k	35 g	55 g	65 g	75 g	75 g	85 g
Grasas	3-4 g/k	34 g	53 g	68 g	80 g	95 g	100 g
Carbohidratos	12-14 g/k	125 g	175 g	225 g	350 g	350 g	450 g
Agua	125-150 ml/k	125 ml/k	125 ml/k	100 ml/k	2-3 litros	2-3 litros	2-3 litros
Calcio	800 mg	1 g	1 g	1 g	1 g	1 g	1 g
Hierro	10-15 mg	15 mg	10 mg	12 mg	15 mg	15 mg	12 mg
Fósforo	1.5 g	1.0 g	1.0 g	1.0 g	1.0 g	1.0 g	0.75 g
Yodo	0.002 mg/k	0.002 mg/k	0.002 mg/k	0.002 mg/k	0.02 mg/k	0.1 mg	0.1 mg
Vitamina A	1500 UI	2000 UI	2500 UI	3500 UI	4500 UI	5000 UI	6000 UI
Vitamina B-1	0.4 mg	0.6 mg	0-8 mg	1.0 mg	1.5 mg	1.5 mg	1.5 mg
Vitamina B-2	0.6 mg	0.9 mg	1.4 mg	1.5 mg	1.8 mg	1.8 mg	1.8 mg
Vitamina C	30 mg	40 mg	50 mg	60 mg	70 mg	80 mg	75 mg
Vitamina D	480 UI	400 UI	400 UI	400 UI	400 UI	400 UI	400 UI

REQUERIMIENTOS DIARIOS DE NUTRIMENTOS (ADULTOS)

Nutrimento	Cantidad	
Proteínas	1	g/k
Grasas	100	g
Carbohidratos	500	g
Agua	2	litros
Calcio	1	g
Hierro	12	mg
Fósforo	0.75	mg
Yodo	0.1	mg
Vitamina A	6000	UI
Vitamina B-1	1.5	mg
Vitamina B-2	1.8	mg
Vitamina C	75	mg
Vitamina D	400	UI

REQUERIMIENTOS DIARIOS DE CALORÍAS (NIÑOS Y ADULTOS)

		Calorías diarias
Niños	12-14 años	2800 a 3000
	10-12 años	2300 a 2000
	8-10 años	2000 a 2300
	6-8 años	1700 a 2000
	3-6 años	1400 a 1700
	2-3 años	1100 a 1400
	1-2 años	900 a 1100
Adolescentes	Mujer de 14-18 años	2800 a 3000
	Hombres de 14-18 años	3000 a 3400
Mujeres	Trabajo activo	2800 a 3000
	Trabajo doméstico	2600 a 3000
Hombres	Trabajo pesado	3500 a 4500
	Trabajo moderado	3000 a 3500
	Trabajo liviano	2600 a 3000

EQUIVALENCIAS

EQUIVALENCIAS EN MEDIDAS

1	taza de azúcar granulada	250	g
1	taza de azúcar pulverizada	170	g
1	taza de manteca o mantequilla	180	g
1	taza de harina o maizena	120	g
1	taza de pasas o dátiles	150	g
1	taza de nueces	115	g
1	taza de claras	9	claras
1	taza de yemas	14	yemas
1	taza	240	ml

EQUIVALENCIAS EN CUCHARADAS SOPERAS

4	cucharadas de mantequilla sólida	56	g
2	cucharadas de azúcar granulada	25	g
4	cucharadas de harina	30	g
4	cucharadas de café molido	28	g
10	cucharadas de azúcar granulada	125	g
8	cucharadas de azúcar pulverizada	85	g

EQUIVALENCIAS EN MEDIDAS ANTIGUAS

1	cuartillo	2	tazas
1	doble	2	litros
1	onza	28	g
1	libra americana	454	g
1	libra española	460	g
1	pilón	cantidad que se toma con cuatro dedos	

TEMPERATURA DE HORNO EN GRADOS CENTÍGRADOS

Tipo de calor	Grados	Cocimiento
Muy suave	110°	merengues
Suave	170°	pasteles grandes
Moderado	210°	soufflé, galletas
Fuerte	230°-250°	tartaletas, pastelitos
Muy fuerte	250°-300°	hojaldre

TEMPERATURA DE HORNO EN GRADOS FAHRENHEIT

Suave	350°
Moderado	400°
Fuerte	475°
Muy fuerte	550°

Acaramelar. Untar o mojar con azúcar previamente convertida en caramelo.

Aderezar. Condimentar o sazonar los alimentos; dar el último toque a un plato.

Aderezo. Composición mixta de especias, salsas, vinos, aromas, grasas para sazonar o condimentar ciertas viandas.

Adobar. Poner en adobo carnes o pescados en crudo, para guisarlos después.

Adobo. Cualquier salsa preparada o compuesta que sirve para sazonar y conservar las carnes y otros alimentos; también una salsa especial hecha con chile ancho, ajo, cebolla y vinagre.

Ahumar. Exponer una vianda al humo para conservarla. Curar al horno pescados, carnes, aves, después de deshidratarlos, sometiéndolos en salmuera y humo. Las piezas más propicias suelen ser los pescados de agua dulce y salada.

Amalgamar. Mezclar a fondo sustancias diversas, manjares o condimentos.

Amasar. Trabajar una masa con las manos.

Aromatizar. Dar a cualquier manjar olor por medio de aromas, vinos o licores.

Asar. Someter a fuego los alimentos hasta obtener su cocción en la parrilla, en un asador o en el horno.

Aspic. Platos fríos montados en moldes con gelatina salada.

Bañar. Cubrir totalmente algún alimento con salsa, caldo o aceite, mantequilla o agua.

Baño María. Cocción de alimentos que se obtiene al colocar en un recipiente con agua caliente o hirviendo la vasija que contiene el guiso.

Batir a punto de nieve. Batir claras de huevo hasta que queden a punto de turrón.

Blanquear. Dar unos minutos de hervor al alimento; si es hortaliza para que quede blanca, si es carne para que pierda la sangre.

Brasear. Cocer lenta y prolongadamente una carne o verdura con la salsa que la acompaña o rehogar un trozo de carne o pescado en un fondo de verduras finamente picadas, bañándolo con vino o salsa.

Caramelo. Azúcar convertida en caramelo, es decir, fundida y después enfriada. Golosina hecha con esta pasta, con alguna esencia o producto dulce.

Clarificar. Espumar, filtrar o adicionar claras de huevo batidas, a un caldo, jugo o gelatina.

Clavetear. Mechar un pedazo de carne u otro manjar con trocitos de jamón, tocino, ajos, etcétera.

Cocción. Acción y efecto de cocer o cocerse; líquido donde se coció algún alimento.

Cocer. Hervir o someter un alimento al calor o a alguna energía, hasta lograr su cocimiento y punto deseado.

Cocer al vapor. Cocer los alimentos directamente al vapor del agua hirviendo.

Cocer en su propio jugo. Cocer los alimentos sin agua.

Condimentar. Sazonar, aderezar los alimentos. Darles sabor a los guisos con especias.

Cuajar. Trabajar para espesar, casi solidificar, un líquido.

Cubrir. Bañar o sumergir un alimento en un líquido.

Decorar. Embellecer con adornos algún platillo.

Desangrar. Sumergir algunas carnes en agua para desprender la sangre que puedan contener.

Descarnar. Quitar o limpiar de carne los huesos o el caparazón de un ave.

Desecar. Provocar evaporación del agua de alguna preparación por medio del fuego.

Desgrasar. Quitar de un caldo o salsa toda la grasa, o limpiar de grasa un utensilio de cocina.

Deshuesar. Dejar limpios de huesos un ave o un pedazo de carne.

Desleír. Desbaratar una preparación en un líquido para que no se formen grumos con la harina, se corte la yema, etcétera.

Dorar. Poner un alimento en aceite hirviendo hasta que tome color dorado, o pasarle una brocha con huevo batido antes de cocerlo.

Empanizar. Envolver un alimento en huevo y pan rallado.

Enharinar. Espolvorear con harina un alimento para rehogar o freír.

Escabechar. Cocer pescado, carne, aves, verduras, etc., en un preparado a base de aceite, ajo, vinagre, agua, sal y especias.

Escaldar. Sumergir en agua hirviendo un alimento para reblandecerlo o pelarlo; algunas veces el término indica blanquear.

Escalfar. Cocer un alimento a una temperatura cercana a la ebullición; también dar una ebullición fuerte y rápida en pocos minutos.

Escalopar. Cortar al sesgo y en rebanadas finas la carne, verdura y pescado para su mayor aprovechamiento.

Espumar. Quitar la espuma o impureza de un guiso o caldo, con la espumadera o cuchara.

Estofar. Cocer lentamente carne o verdura, en una cacerola bien tapada, con mantequilla, cebolla, laurel, tomillo, perejil, zanahoria, jitomate y aceite, todo en crudo.

Exprimir. Prensar un alimento para extraerle el zumo.

Flamear. Pasar el alimento por encima de unas llamas, o también rociar un postre con licor para después encenderlo.

Freír. Cocinar los alimentos en suficiente aceite o manteca.

Fondo. Caldo de huesos que se emplea para remojar los guisos o mejorar las salsas.

Gratinar. Modo de cocinar ciertos alimentos cubriéndolos con queso, pan rallado, bechamel u otra salsa y tostándolos por encima en el horno: al gratín.

Guarnición. Lo que se adiciona al platillo principal.

Hornear. Cocer los alimentos por medio del calor que encierra el horno.

Jardinera. Mezcla de legumbres y verduras en corte uniforme.

Juliana. Corte en tiras finas de verduras o frutas.

Laminar. Cortar en rebanadas finas.

Ligar. Espesar una salsa con fécula y líquido. Lograr la unión de diversas sustancias sin que se corten.

Macerar. Poner carne o frutas en vino, vinagre, licor o aceite, durante varias horas para que adquieran sabor.

Marinar. Sinónimo de macerar con hierbas aromáticas y ciertas clases de vinos.

Mechar. Introducir tiras de tocino, jamón, queso, etc., en el interior de carnes o pescados.

Moldear. Rellenar un molde para dar formas diversas a un guiso o manjar. Dar forma determinada a una masa.

Picar. Reducir a picadillo o pasta cualquier alimento.

Preparado. Sustancias diversas mezcladas y ligadas con una crema o salsa; elaboración culinaria.

Ramillete. Se suele aplicar el término a un manojo de hierbas aromáticas.

Rebozar. Pasar por harina, pan y huevo un alimento, y después freírlo.

Reducir. Hacer hervir salsa, fondo o caldo hasta obtener el punto deseado. Disminuir, espesar un guiso por medio de cocción.

Refrescar. Poner alguna carne o legumbre, blanqueada, bajo el chorro de agua fría.

Rehogar. Freír los alimentos ligeramente, a fuego lento, en cacerola o en sartén a que doren antes de añadir salsa, agua o caldo para terminar de guisarlos.

Salpicón. Mezcla de varios alimentos cortados en trozos o tiras: aves, carnes frías, legumbres, enlatados, etc., ligados con un aderezo.

Saltear. Cocer en sartén y sobre fuego vivo un alimento dándole vueltas por medio de sacudidas o movimiento, sin usar cuchara o espumadera. También cocer un alimento en poca cantidad de manteca o aceite muy caliente.

Sazonar. Condimentar un guiso con sal y especias. Asimismo, dejar un alimento al fuego hasta que alcance su mejor punto.

Sudar. Poner al fuego carne o legumbres en una cacerola con tapa para que despidan la humedad.

Tostar. Dorar la parte exterior de cualquier preparación.

Esta obra fue impresa en el mes de octubre de 2000
en los talleres de Litográfica Ingramex, S.A. de C.V.,
que se localizan en la calle de Centeno 162,
colonia Granjas Esmeralda, en la ciudad de México, D.F.
La encuadernación de los ejemplares se hizo
en los talleres de Dinámica de Acabado Editorial, S.A. de C.V.,
que se localizan en la calle de Centeno 4-B,
colonia Granjas Esmeralda, en la ciudad de México, D.F.